文成天縱

續宋本叢書

蜀大字本史記專輯之一

上海圖書館藏『蜀大字本』史記

一

〔漢〕司馬遷 撰
〔南朝宋〕裴駰 集解

广西师范大学出版社
GUANGXI NORMAL UNIVERSITY PRESS
·桂林·

上海圖書館藏“蜀大字本”史記
SHANGHAI TUSHUGUAN CANG SHU DAZIBEN SHIJI

出版統籌：湯文輝
出 品 人：喬祥飛
特邀編審：徐　蜀
責任編輯：王　琦
責任校對：朱時予
　　　　　楊　磊
責任技編：王增元
書籍設計：常晉一

圖書在版編目（CIP）數據

上海圖書館藏“蜀大字本”史記 ： 全三册 / （漢）司馬遷撰 ； （南朝宋）裴駰集解. -- 影印本. -- 桂林 ： 廣西師範大學出版社，2023.6

（續宋本叢書）

ISBN 978-7-5598-6093-4

Ⅰ. ①上… Ⅱ. ①司… ②裴… Ⅲ. ①《史記》 Ⅳ. ①K204.2

中國國家版本館 CIP 數據核字（2023）第 097217 號

廣西師範大學出版社出版發行
（廣西桂林市五里店路 9 號　郵政編碼：541004
網址：http://www.bbtpress.com）
出版人：黄軒莊
全國新華書店經銷
三河弘翰印務有限公司印刷
（河北省三河市黄土莊鎮二百户村北　郵政編碼：065200）
開本：889 mm × 1 194 mm　1/16
印張：68.5　　　字數：1 096 千
2023 年 6 月第 1 版　　　2023 年 6 月第 1 次印刷
定價：2980.00 元（全三册）

出版説明

《史記》一百三十卷，漢司馬遷撰，南朝宋裴駰集解。宋紹興淮南路轉運司刻本，舊題蜀大字本。上海圖書館藏。存三十卷，即卷五至六、八至十二、十六至十七、三十四至四十、四十八至五十四、五十六、九十九至一百、一百七至一百一十。原書高二十九點六厘米，寬二十一點七厘米。版框高二十二點八厘米，寬十八點一厘米。每半葉九行，行十六字；注文小字雙行，行二十至二十二字。白口，左右雙邊，單魚尾。版心上鐫史記書名及卷次，中鐫葉數，下鐫刻工名；刻工名部分偶有殘損。卷三十五末有道光十一年（一八三一）單學傅識語，卷一百一十末有咸豐四年（一八五四）徐渭仁識語，卷十二末有同治四年（一八六五）莫友芝識語，卷五十前副葉有民國四年（一九一五）康有爲識語。分訂十七册，正文十六册，另附題跋一册，有熊會貞《南宋大字史記集解殘本札記》及楊守敬、康有爲二跋。

裴駰，生卒年不詳，字龍駒，河東聞喜（今屬山西）人。裴松之之子，官至南中郎參軍。以徐廣《史記音義》爲本，採經傳百家並先儒之説，又以己見，增演徐氏，號曰《集解》，與唐司馬貞《索引》、張守節《正義》合稱『史記三家注』。《隋書·經籍志》及新、舊《唐書》著録，均作八十卷。析爲一百三十卷者，已將注解散入正文，非原書之次第。

宋紹興淮南路轉運司刻本《史記》，除上圖本，有兩種存於中國國家圖書館，爲宋元明初遞修本，皆爲一百三十卷，一部是四十册，爲潘明訓寶禮堂舊藏本；一部是六十六册，爲劉承幹嘉業堂舊藏本。還有一種僅存一卷，民國二十二年（一九三三）《北平圖書館善本書目》曾見著録，今查國圖藏有《樂書》殘卷一卷，版式、字體與上圖本一致，或即此本。上圖本經琴川張蓉鏡、姚畹真夫妻收藏，後歸當湖胡惠鏞，又歸上海郁泰峰。民國四年（一九一五），甘翰臣從郁泰峰處購入，遂歸上海圖書館。

上圖本『初印精湛，無一補版』，爲原刻本，在諸多宋本《史記》中，保存宋刻本特征最多，版面品相亦佳。卷六首半葉右下殘缺，次葉右下亦殘缺。卷六存二十七葉，終於《秦始皇本紀》始皇帝紀末，缺二世皇帝紀和『太史公曰』十數行。另卷八第七葉、卷九第二葉、卷三十四第八葉、卷三十八第二葉，以及卷一百一十第十九葉以下均缺。

上圖本鈐有『吴寬』『原博』『停云』『肇錫余以嘉名』『韓世能印』『錢維城印』『稼軒』『小琅嬛福地秘笈』『真宋刊』『秘帙』『芙初女士姚畹真印』『方氏若衡曾觀』『若衡』『勤襄公五女』『單學傅印』『師白』『當湖小重山館胡氏篴江珍藏』『郁松年印』『泰峰』『泰峰審定』『田耕堂藏』『莫友芝圖書印』『渭仁借觀』『子孫保之』『説劍堂印』『獨立山人』『老劍』『歸盦』『楊守敬印』『鄰蘇老人』『康有爲』『南海康有爲更生珍藏』『地山』諸印。

上圖本爲南宋前期刊本，而明清藏書家多誤認爲蜀大字本。毛晋《汲古閣珍藏秘本書目》、張金吾《愛日精廬藏書志》卷八、莫友芝《宋元舊本經眼録》卷一均著録此本，謂爲九行大字蜀刊《史記》（莫氏稱存二十九卷，缺卷三十四，不知何故）。顧廣圻《百宋一廛賦》云：『良史實録，藉用識蜀。乃本古以愜心，復字大以悦目。』黄丕烈注之曰：『蜀大字本《史記集解》一百三十卷，每半葉九行，每行大十六字，小廿字。所缺舊鈔補足。』（商務印書館，一九三九年）錢大昕在《竹汀先生日記鈔》卷一有記録云：『晤黄蕘圃，觀宋本《史記》。每葉十八行，行十六或十七字。有《集解》而無《索隱》，卷末有無爲軍軍學教授潘旦校正，淮南路轉運司幹辦公事石蒙正監雕字。官銜分左右，蓋南渡初官本也。』（中國美術學院出版社，二〇〇〇年）祇曰『宋本』，未做判定。上圖本有楊守敬題記：

南宋蜀大字《史記集解》殘本三十卷，舊爲上海郁泰峰所藏，有徐渭仁題爲『孟蜀本』。渭仁蓋習聞孟蜀有大字本，不考此本避諱至南宋高宗止。今通檢一過，凡匡、恒、禎、頊、恒皆欠筆；書中不見高宗諱，而購、搆皆缺筆，避嫌名也；孝宗諱『眘』字，則不缺筆，足知此本的爲高宗時所刊。雕鏤之精，楮墨之美，少有倫匹，不知何以殘缺乃尔。大抵宋代刻書，以蜀本字爲最大，蓋沿于孟蜀之刻『五經』。以余所見，杭、建、汴、贛、鄂亦聞有大字者，而要不如此本之特出。題爲『蜀本』，亦未爲過。

楊守敬雖對此本是否爲蜀大字本有所懷疑，但並未提出其他意見。康有爲在此本題記中明確否認了蜀大字本說：

世所傳蜀大字本《史記》，誤也。自毛子晋輩已言之。然蜀只刻『五經』，無《史記》，世以大字本皆誤歸之蜀耳。此本既經楊惺吾據宋諱定爲孝宗時刻，則非蜀本矣。惺翁尚徇俗説題爲『南宋蜀大字本』，似爲不詞。但直稱爲南宋本，可寶甚矣。且其刊寫之精，紙墨之雅，古香古色，玩之無斁，實爲希世之寶，何必蜀！

又以小字勘誤：

第一頁第五行『孝』字誤，當爲『高』。

國圖本《李斯列傳》《樊酈滕灌列傳》《匈奴列傳》等卷卷末均有『左迪功郎充無爲軍學教授潘旦校對，右承直郎充淮南路轉運司幹辦公事石蒙正監雕』二行結銜，而上圖本缺這幾卷，楊守敬無由得見，故有誤判。康有爲雖否定楊説，但未明言實際根據。據此版本卷末二行結銜，知其非爲蜀刻，而爲淮南路轉運司刊本無疑。王國維《兩浙古刊本考》云：『南宋監本正史多取諸州郡刻板……而《史記》大字本有「左迪功郎充無爲軍軍學教授潘旦校對，右承直郎充淮南路轉運司幹辦公事石蒙正監雕」二行，乃淮南轉運司刊本。』（見《閩蜀浙粤刻書叢考》，北京圖書館出版社，二〇〇三年）趙萬里《兩宋諸史監本存佚考》亦持此説：『紹興間遂有令州郡分刊之議……今可考者，《史記》爲淮南漕司所刊，前後《漢》爲江東漕司所刊。』（見《趙萬里文存》，江蘇人民出版社，二〇一六年）淮南路原爲一路，至熙寧五年（一〇七二），分爲東、西兩路（見《宋史》卷八十八《地理志》），無爲軍屬淮南西路。洪邁《容齋續筆》卷一四『周蜀九經』條云：『紹興中，分命兩淮、江東轉運司刻三史版。』（見《容齋隨筆》，上海古籍出版社，二〇一九年）今存南宋刊《漢書》《後漢書》與《史記》行格一致，均半葉九行十六字，字體也基本相同，與洪邁之記載，符合若契。

另外，上圖本所見刻工有王華、宋寔、華再興、閔孝中、楊安、楊守道、楊謹、翟榮、趙明、戴祐、魏俊、顧玿等三十餘人，趙萬里曾指出上圖本上的刻工『與建康府江南東路轉運司本後漢書，以及當塗、宣城等地刻書多同』，『因推知此書刻版實由南宋初葉南京地區工人擔任』（見《中國版刻圖録》卷首《目録》，文物出版社，一九九〇年），這似乎與結銜之『無爲軍』相衝突，即刻工之屬多在建康府，而刻書之地在無爲軍。據辛德勇研究，此事當是淮南西路轉運司雇用了建康府的刻工到無爲軍來爲官府刻書。這個案例可以讓我們更好地認識無爲在南宋時期的文化與文化産業的發達情況，以及幫助我們更加清楚地認識南宋時期版刻地理的總體狀態（見《正史版本談》，生活·讀書·新知三聯書店，二〇二一年）。

上圖本的特點，在於其不是北宋本的覆刻本，而是對北宋本做了校改。據張玉春將其與其他各本比較後之結論，此本當是北宋本的翻刻本，即以今藏日本杏雨屋北宋本爲底本，並依據《漢書》及其他先秦典籍做了校改，因此質量大有提升，具有重要的校勘價值。此本可補正明毛氏汲古閣刻本舛誤者甚多，熊會貞《札記》亦取毛氏汲古閣本及其他版本參校此本，點校本二十四史修訂本《史記》校勘工作尚未用及此本，可見其可資利用處亦復不少。特此影印，以饗讀者。

此外，存世的數種『蜀大字本史記』，實爲宋紹興淮南路轉運司刻本，而非蜀刻本。本社擬用其舊稱，以『蜀大字本史記』專輯的形式，將其陸續出版，參觀互照，以便學界對相關版本系統有更加深入而完整的認識。此次出版的上海圖書館藏本即爲專輯之第一種。

廣西師範大學出版社北京文獻出版中心

二〇二二年十一月

總目録

第一册

第二册

第三册

本册目録

宋大字史記集解

乙卯二月 南海康有為題

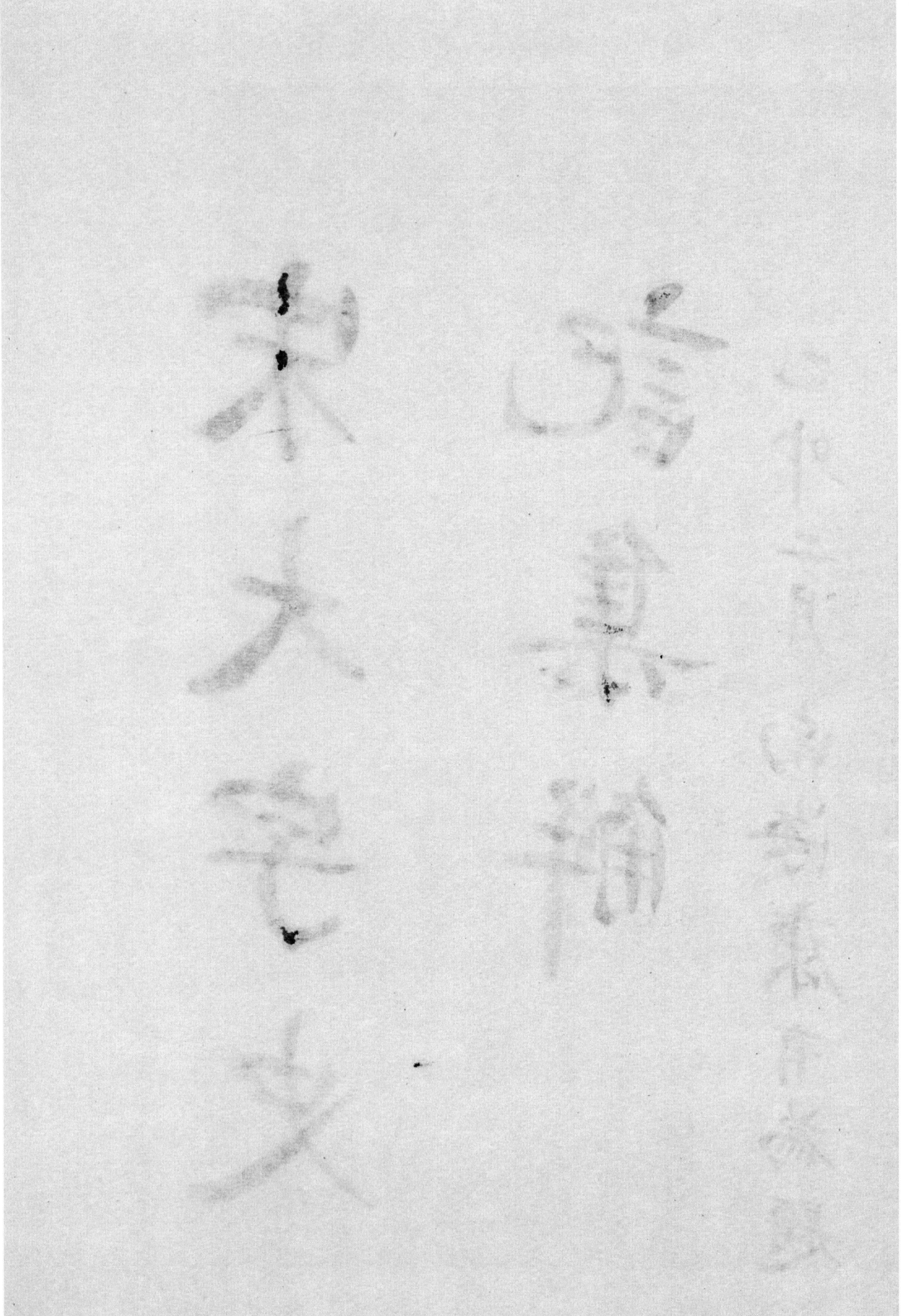

宋蜀大字
史記集解

壬子三月

惺吾題

南宋大字史記集解殘本札記

史記文字自晉徐廣作音義已多異同其注之傳於今者以裴駰集解為最古至索隱正義出合刻本盛行於世雖其學不能望裴氏項背而集解單行宋本今皆殘缺惟明毛氏汲古閣刻有全書近日金陵重刊集解則參合各本不盡毛氏之舊此為南宋初大字本集解存三十九卷以毛本照之亦多參差乃為之札記其勝於各本者皆出之有各本得失錯出而此本是者亦出之又有各本不誤而此本獨誤者亦出之至與各本同誤者已詳金陵刻本札記故闕焉不錄以省煩瀆壬子春枝江熊會貞記於上海虹口旅次

秦本紀第五

集解地里志臨淮

舊本或作地理志曰按集解前後引地理志皆無曰字則此無曰字

是也

營邑之

毛本營上有即字此脫

臣子與往

中統王柯凌諸本並作臣與此合毛本作君非也

晉人邊邑也

人毛本作之

悼公一年

一為二之誤據年表齊田乞弒君孺子當悼公二年

十一年城藉姑

據年表十年城藉姑其年靈公即卒則此衍一字毛作十三年亦誤

左更錯取軹及鄧集解南陽有鄧縣

按水經河水注洛陽西北四十二里故鄧鄉括地志故鄧城在河陽西三十一里其地与軹接正錯之所取集解以南陽之鄧縣當之誤

集解向在軌之西

軌字誤毛本作軹是據水經湛水注向當在軹西南

楚人反我江南

始皇紀稱項燕立昌平君為荊王反秦於淮南又稱趙已而倍盟反我太原與此文法一例則我反字是毛本反作我反乃淺人妄改

王齕将伐趙武安皮牢拔之

張氏札記以白起傳但云王齕攻皮牢拔之謂武安二字涉上而衍余按趙地有武安在邯鄲之西南皮牢無攷与中牟字形近當即中牟之訛中牟亦在邯鄲之西南齕自上黨伐取趙之武安中牟準以地望

正合是武安非衍字至毛本安下有君攻二字則誠淺人臆增矣

號為秦皇帝

秦為始之誤

集解有姓終黎者是

毛下是下有也字

秦始皇本紀第六

集解天子璽曰玉

曰字誤毛本作白

集解秦始皇立茅焦為傅

秦始皇毛本作始皇帝

昌平軍徙於郢

軍為君之誤下文屢稱昌平君可證

集解三十六郡者

毛本無者字下文多謂河南上中地六字按正文云分天下以為三十六郡注接言以明之則句以有者字為是計三川以下至內史正三十六郡則謂河南六字為衍文無疑此足以正毛本之誤

維二十六年

六為八之誤時正二十八年也

集解在折西百七十里

折當作析漢地理志弘農有析縣

畀取以為髙

髙毛本作尚

集解晝日司寇虜

司字誤毛本作伺

集解龍君之象
毛本象下有也字
高祖本紀第八
集解准
毛本集解兩準字与正文同此作准与正文異據字林準准同此蓋
兩存之也
集解賜告者
毛本者字在下予告之下此誤
集解芒今臨睢縣也
按秦之芒縣前漢因之後漢改為臨睢晉省據徐廣說則廣時
尚未省也毛本睢作淮誤
集解三十一縣

漢志作四十一縣考漢志巴蜀漢中三郡共三十八縣秦縣當不如漢之多則以作三十一爲是

漢王傷匈

作匈与説文合毛本作胸

且無以死字之

無字誤毛本作等

因説高祖曰甚善

毛本無甚善二字

内地勢高

内字誤毛本作由

已而吕后間曰

毛本脱曰字

呂后本紀第九

集解諸侯王女曰翁主

毛本作公主誤按上言天子之女謂之公主諸侯王女安得同稱則此作翁是齊悼惠王世家長女紀翁主其證也

集解蓋號曰武信

蓋字誤毛本作益是

集解食細陽之池陽鄉

毛本食作令誤張耳傳集解作食可證

令齊王母家駟

毛本駟下有鈞字乃淺人據下文妄加此句先稱母家當只舉其姓下乃實指其人耳

孝文本紀第十

成侯赤内史

毛本赤下有爲字此脫

集解弛廢

毛本廢下有也字此脫

孝景本紀第十一

一音㰅傳而傳

毛本而作之此誤

立皇子乘爲清河王

年表亦作乘毛本作方乘与孝景紀合

集解東出北第一門

毛本北下有頭字是水經注長安城下称東出北頭第一門南出東頭第一门西出南頭第一门北出西頭第一门可證此脫

以御史大夫綰爲丞相

毛本相下有封爲建陵侯五字是本無蓋以景帝六年已封綰爲建陵侯不得至此又言封建陵侯以爲複而删之然攷景帝二年以御史大夫開封侯陶青爲丞相七年以太尉條侯周亞夫爲丞相中三年以御史大夫桃侯劉舍爲丞相則此當作以御史大夫建陵侯衛綰爲丞相方合梁氏説甚確梁氏不標綰姓稍誤是本與毛本皆有誤

孝武本紀第十二

以子死

毛本死下衍悲鳴二字據孟康説産乳而死則以子死者以生子而死也下不當有悲鳴字的以此本爲是

常餘金錢

此與封禪書合毛本錢下衍帛字

寘牛用牛祠

毛本用作宜以上下文例之當以用為是

大通將軍印

毛本大通將軍下有天道將軍四字此脫

明廷者

毛本脫者字

集解肉升也

升字誤毛本作汁

郊泰時

毛本泰下有一字時誤時

集解泰山東自復有小泰山

毛本東自作自東

禮其名山川

禮毛本作祀

毋脩封禪

毋字誤毛本作毋

秦楚之際月表第四

鄉秦之楚

楚字誤毛本作禁

楚隱王三月周文兵至戲而敗而陳嬰聞涉王

合上下月連敘葛嬰觀之此陳嬰為葛嬰之誤陳嬰屬項梁尚在

後

燕格自立為燕王始

毛本無始字以前後文例之此有始字是也

齊王市三月齊殺假

毛本作謂楚殺假是也此殺字不誤而誤謂楚二字爲齊字各本作齊殺假尤誤

西楚伯王項籍

上言項籍自立爲西楚霸王則此作西楚伯王項籍是也毛本作西楚伯項王籍誤

漢興以來諸侯年表第五

高祖元年梁格都睢陽

高祖五年梁祖王彭越都彭城至孝文十二年梁孝王始都睢陽此言都睢陽蓋以後爲說猶上楚都彭城不數韓信之都下邳淮南都壽春不數英布之都六也或以作睢陽爲誤者非若毛本作淮陽則大誤矣

高祖四年趙格初王張耳元年

各本並載入後一年年下或有薨字按張耳傳漢立耳為趙王漢五年耳薨集解引徐廣曰四年十一月立漢書四年夏立是王在四年薨在五年至確諸本載初王於下年誠誤近刻移入此年謂即薨於此年亦誤惟此本但作初王六字是而下年不言薨亦誤略

高祖八年楚格二齊格二

兩二字乃三之誤

孝惠元年趙格名次

次當作友淮陽王友已明見上文此當是校者記名友二字於側後混入注文又訛友為次也

高后元年梁格立十

立字衍

高后六年呂格故効侯

効字誤毛本作洨是漢地理志沛郡有洨縣効未聞

高后七年淮陽格孝惠帝子故壺關侯武

毛本上年初王武元年下接書孝惠帝子故壺關侯是此錯入七

後一年又衍武字

高后八年燕格故平侯

毛本作東平侯与呂后紀合此脫東字

孝文後元年衡山格淮南厲王子故安陽侯齊格齊悼惠王子故陽

虛侯濟北格齊悼惠王子故安都侯濟南格齊悼惠王子故初侯

菑川格齊悼惠王子故武城侯膠西格齊悼惠王子故平昌侯膠东

格齊悼惠王子故白石侯淮南格淮南厲王子故阜陵侯廬江格

淮南厲王子故陽周侯

九條皆當移入上一年何以參錯如是之多蓋此表每葉劃分四直格表四年事遇有字數煩多一年之格不能盡者遂往往前後溢出如此衡山王勃之元年即此初置衡山之年而初置衡山乃書於前一年故安陽侯九字更書於後一年正是限於行格之故（月表間讀者亦然）須識此意勿在在訾為錯簡　毛本將直格以意展縮故此安陽侯等九條並擠入上年而初置衡山云云仍載於前一年蓋校刻者改移未盡也

孝景前二年淮陽格徙魯

孝景紀前三年徙淮陽王餘為魯王此表下年魯格亦載之安得載徙魯於二年耶　毛本亦誤

孝景前三年膠西格子端元年

子為王之誤

孝景前四年楚格元王

此王下脫子字各本又多脫元字景紀及楚元王世家稱元王子可証

惟景紀謂立禮為王在三年而表載入四年蓋誤

孝景前七年膠東格復置膠東國

此七字與下年複衍文也

孝景中二年膠東格康王寄元

元下脫年字

孝景中六年濟陰格哀王不識元年

哀字誤毛本作初是也按梁孝王世家本稱哀王不識但同日所封者表

稱初王明元年初王彭離元年且世家之哀王定亦稱初王定元年不容

此獨稱哀王以致歧出則知哀王為初王之誤審矣

孝建武建元三年濟川枆生射殺中傅

梁孝王世家中傅作中尉

元鼎四年清河枆河清

河清為清河之誤

集解徐廣曰孝武太始云云

此數行當作小字真定下五字當作王

燕召公世家第四

集解功至大天

至大二字倒置毛本作大至

栢侯立　莊公立　襄公立

他本桓侯莊公襄公上並有子字此本俱無而桓莊襄三字上皆

空一格蓋本有三子字雕刻者因集解云世家自宣侯已下不說

其屬以其難明故也而删之

今吾間

毛本吾下有之字

以共圖

毛本圖作國

管管（蔡）世家第五

四十九年

各本四作二據年表是景侯四十九年事則各本皆誤當以此正之

後陳滅三十一年

毛本作三十三年據表楚惠王十年滅陳四十二年滅蔡則蔡之

滅後陳三十二年此本与毛本皆誤

曹夷伯二十二年

毛本作二十三年按厲王奔彘在魯真公十四年齊武公九年據
年表正夷伯二十三年則此作二十二年誤

陳杞世家第六

幽公十二年
據年表共和元年為幽公十四年參之魯世家厲王奔彘在前一
年則此十二當作十三毛本誤同

力政
政字誤毛本作攻

衛康叔世家第七

考伯
世表作孝伯此誤

黔牟立八年　惠公立三年出亡亡八年復入與前通年凡十一年矣

毛本作凡十三年此本蓋以上言黔年立僅八年又言惠公立三年出亡僅八年綜計共十一年故作凡十一年以与本文合然攷年表惠公三年奔齊黔年立十年奔周惠公復入通十三年則毛本作十三年是也惟黔年立八年惠公亡八年皆當作十年方合毛本与此同誤

宋微子世家第八

集解言當修先王正義以治民

書傳修作循脩循形近古籍二字往往相亂

集解將而誅焉

毛本脫焉字

伐宋之彭城

伐毛本作拔

集解憂亂寧民也
毛本寧上有而字
集解而歸甚一撲也
歸甚二字倒置
晉世家第九
寧族
族毛本作旅
是取之天子
毛本子下有也字此脫
不從太子
毛本無太子二字此衍
集解以馬齒

毛本齒作歲

君祀

此与左傳合毛本君下衍其字

集解深猶重

猶毛本作尤誤

逐斬其衣袪

毛本逐作遂

賤也

賤字誤毛本作僻与左傳合

宦學事也

宦為宦之誤

楚世家第十

坼剖而產者

剖毛本作副

集解三國

一三毛本作二

私欲不違

毛本違作還是也此涉注文而誤

必萬之於虎

之字衍与各本同各本虎下有矣字此脫

陳涉世家第十八

从皆来會計事

毛本皆上衍與字

士不敢貫弓而報怨

毛本士下有亦字

外戚世家第十九

集解名媽

二字毛本作正文尋繹上下詞文意當以此作小注爲是

獲大姊何藏之深也

獲字誤毛本作嚄

楚元王世家第二十

荊燕世家第二十一

荊王劉賈者

句有者字辭例與本卷燕王劉澤者及上卷楚元王劉交者

下卷齊悼惠王劉肥者並合毛本者字誤錯入下句諸劉下

齊悼惠王世家第二十二

魏勃又以善鼓琴見秦皇帝
又字誤毛本作父
蕭相國世家第二十三
蕭相國何者
此有者字是毛本脫
集解令南陽贊縣也
贊當作酇此涉上文而誤
曹參世家第二十四
楊熊
楊毛本作楊与月表同
武彊集解武彊城
毛本兩彊字並作疆非也武彊城見水經渠水注

與蠻胡治乎

胡毛本作何

陳丞相世家第二十六

車軌

軌毛本作轍

願大王用之

各本誤願為顧王氏念孫據漢書訂之此本正作願猶存廬山真面洵可寶也

集解後三歲

三字誤毛本作二

劉敬叔孫通列傳第三十九

又安敢有反側

側毛本作者

季布欒布列傳第四十

此人必有毀臣者

毛本有下衍以字乃涉上文而複漢書亦無以字足證此本之精

集解一曰覆

覆字誤毛本作覆

魏其武安侯列傳第四十七

以喜疾惡

毛本喜下有善字據下文善惡並言則有善字是也此脫

韓長孺列傳第四十八

集解汝穎之間

穎為潁之誤

及故吳相袁盎
毛本故上衍殺字
集解若六博之梟矣
毛本矣作也
不適
毛本作不敵適敵同
李將軍列傳第四十九
集解夜擊持行行夜
行夜二字衍毛本無
匈奴列傳第五十
集解始祖名
毛本脫名字

集解音項于反

各本多脱于反二字按集韻朐𦙶于切音訏朐衍戎名在北地正本此條廣說則當有于反二字審矣此足以正諸本之誤

集解音傍白浪反

毛本無傍字此兩舉嫌複蓋校者記傍字於側後混入注也

南宋蜀大字史記集解殘本三十卷舊為上海郁泰峰所藏有徐渭仁題為孟蜀本渭仁蓋習聞孟蜀有大字本不考此本避諱至南宋高宗止今遽標一過凡匡桓禎頊恒皆缺筆書中不見高宗諱而購搆皆缺筆避嫌名也孝宗諱眘字則不缺筆足知此本的為高宗時所刊雕鏤之精楷墨之美少

有倫延不知何以殘缺乃亦大抵宋代刻書以蜀本字爲最大蓋沿于孟蜀之刻五經以余所見杭建汴贛鄂亦閒有大字者而要不如此本之特出題爲蜀本亦未爲過乃囑門人熊固之會貞以毛本及各本校之殊多異同此本訛誤之字亦不少昔邢子才謂日思誤書亦是一適知古人矜慎不肯浮下雌黃

東坡傳文選之妄改以不誤為誤知此弊北宋已然至明代則逞臆尤甚故近時顧千里創為以不校校之之說雖明知其誤亦不輕改以待學者之研求識刻書者之善法而讀書者之良規也憶余在日本初晤森立之（著有經籍訪古志）以古刻書相質余謂言此書訛誤滿紙雖古刻未為奇也立之艴然曰君於古書未也書無訛字尚

何足貴乎余乃相視而笑以足之為
知言今香山甘君翰臣以重值購此書
嘗其一臠不以殘缺為憾知其別有會
心與世俗僅為玩物者異也獨惜余觀
海堂藏書至今尚未能携出不得與
翰臣共賞也壬子四月鄰蘇老人書
於上海虹口寓廬時年七十有四

世所傳蜀大字本史記誤也
自毛子晉筆己〻之於蜀只
刻五經並史記世所大字本皆
誤後〻蜀耳此本說經楊惺
吾據宋諱定為孝宗時刻此

此蜀本吳惺翁尚徇俗說題
為南宋蜀大字本小為不詞但
直傳為南宋本可寶也且其
刊寫之精紙墨之雅古香古色
玩之無斁實為希世之寶何
必蜀 甘右翰臣同殘本三十五

于鄗东峰家分一册赠余
翰臣之遇厚余也吾珍为拱璧
而惠人不能传世宝之又嘱我写
至何佳也题记以贻后之好事且
记翰臣之德能继本也吾不敢文
也
乙卯二月南海康有为

第一页第五行孝字误当为厚

秦本紀第五　史記五

秦之先帝顓頊之苗裔孫曰女脩女脩織玄鳥隕卵女脩吞之生子大業大業取少典之子曰女華女華生大費與禹平水土已成帝錫玄圭禹受曰非予能成亦大費爲輔帝舜曰咨爾費贊禹功其賜爾皁游爾後嗣將大出乃妻之姚姓之玉女徐廣曰皇甫謐云賜之玄玉妻以姚姓之女也大費拜受佐舜調馴鳥獸鳥獸多馴服是爲栢翳舜賜姓嬴氏大費生

子二人一曰大廉實鳥俗氏二曰若木實費氏其玄孫曰費昌子孫或在中國或在夷狄費昌當夏桀之時去夏歸商爲湯御以敗桀於鳴條大廉玄孫曰孟戲中衍鳥身人言帝太戊聞而卜之使御吉遂致使御而妻之自太戊以下中衍之後遂世有功以佐殷國故嬴姓多顯遂爲諸侯其玄孫曰中潏（徐廣曰一作滑）在西戎保西垂生蜚廉蜚廉生惡來惡來有力（晏子春秋曰手裂虎兕）蜚廉善走

父子俱以材力事殷紂周武王之伐紂并殺惡來是時蜚廉爲紂石北方（徐廣曰皇甫謐云作石椁於北方）還無所報爲壇霍太山而報（地理志霍太山在河東彘縣）得石棺銘曰帝令處父不與殷亂賜爾石棺以華氏死遂葬於霍太山（皇甫謐云去彘縣十五里有冢常祠之）蜚廉復有子曰季勝季勝生孟增孟增幸於周成王是爲宅皐狼皐狼生衡父衡父生造父造父以善御幸於周繆王得驥溫驪（徐廣曰溫一作盜駰案郭璞云爲馬細頸驪黑色）驊騮（郭璞曰色如華而赤今名

馬驃赤者爲稟[illegible][illegible]馬赤也騄耳之駟郭璞曰紀年云北唐之君來見以一驪馬是生綠耳八駿皆因其毛色以爲名號駰案穆天子傳穆王有八駿之乘此紀不具者也西巡狩樂而忘歸郭璞曰紀年云穆王十七年西征於崑崙丘見西王母徐偃王作亂地里志臨淮有徐縣云故徐國尸子曰徐偃王有筋而無骨駰謂號偃由此造父爲繆王御長驅歸周一日千里以救亂繆王以趙城封造父徐廣曰趙城在河東永安縣造父族由此爲趙氏自蜚廉生季勝已下五世至造父別居趙趙衰其後也惡來革者蜚廉子也早死有子曰女防女防生旁皐旁皐生太几太几生

大駱大駱生非子以造父之寵皆蒙趙城姓趙氏非子居犬丘徐廣曰今槐里也好馬及畜善養息之犬丘人言之周孝王孝王召使主馬于汧渭之閒馬大蕃息孝王欲以爲大駱適嗣申侯之女爲大駱妻生子成爲適申侯乃言孝王曰昔我先酈山之女爲戎胥軒妻生中潏以親故歸周保西垂西垂以其故和睦今我復與大駱妻生適子成中駱重婚西戎皆服所以爲王王其圖之

於是孝王曰昔柏翳為舜主畜畜多息故
有土賜姓嬴今其後世亦為朕息馬朕其
分土為附庸邑之秦徐廣曰今天水隴西縣秦亭也使復續
嬴氏祀號曰秦嬴秦嬴亦不廢申侯之女子為
駱適者以和西戎秦嬴生秦侯秦侯立十
年卒生公伯公伯立三年卒生秦仲秦仲
立三年周厲王無道諸侯或叛之西戎反
王室滅犬丘大駱之族周宣王即位徐廣曰秦
仲之十八年也乃以秦仲為大夫誅西戎西戎殺秦

仲秦仲立二十三年死於戎毛詩序曰秦仲始大有車馬禮樂侍御之好也有子五人其長者曰莊公周宣王乃召莊公昆弟五人與兵七千人使伐西戎破之於是復予秦仲後及其先大駱地犬丘并有之為西垂大夫莊公居其故西犬丘生子三人其長男世父世父曰戎殺我大父仲我非殺戎王則不敢入邑遂將擊戎讓其弟襄公襄公為太子莊公立四十四年卒太子襄公代立襄公元年以女弟繆

嬴為豐王妻襄公二年戎圍犬丘世父世
父擊之為戎人所虜歲餘復歸世父七年
春周幽王用褒姒廢太子立褒姒子為適
數欺諸侯諸侯叛之西戎犬戎與申侯伐
周殺幽王酈山下而秦襄公將兵救周戰
甚力有功周避犬戎難東徙雒邑襄公以
兵送周平王平王封襄公為諸侯賜之岐
以西之地曰戎無道侵奪我岐豐之地秦
能攻逐戎即有其地與誓封爵之襄公於

是始國與諸侯通使聘享之禮乃用駵駒（徐廣曰赤馬黑鬣曰駵）黃牛羝羊各三祠上帝西畤（徐廣曰年表云立西畤祠白帝）十二年伐戎而至岐卒生文公文公元年居西垂宮三年文公以兵七百人東獵四年至汧渭之會曰昔周邑我先秦嬴於此後卒獲爲諸侯乃卜居之占曰吉營邑之十年初爲鄜畤（徐廣曰鄜縣屬馮翊）用三牢十三年初有史以紀事民多化者十六年文公以兵伐戎戎敗走於是文公遂收周餘

民有之地至岐岐以東獻之周十九年得
陳寶二十年法初有三族之罪張晏曰父母兄弟妻子也
如淳曰父族母族妻族也二十七年伐南山大梓豐大特徐廣
曰今武都故道有怒特祠圖大牛上生樹本有牛從木中出後見於豐水之中四十八年文
公太子卒賜謚爲竫公徐廣曰文公之四十四年魯隱之元年竫
公之長子爲太子是文公孫也五十年文
公卒葬西山徐廣曰皇甫謐云葬於西山在今隴西之西縣竫公子立
是爲寧公徐廣曰一作曼寧公二年公徙居平陽徐廣
曰郿之平陽亭遣兵伐蕩社徐廣曰蕩音湯社一作杜三年與亳戰

亳王奔戎遂滅蕩社（皇甫謐云亳王號湯西夷之國也）四年魯公子翬弑其君隱公十二年伐蕩氏取之寧公生十歲立立十二年卒葬西山生子三人長男武公爲太子武公弟德公同母魯姬子生出子寧公卒大庶長弗忌威壘三父廢太子而立出子爲君出子六年三父等復共令人賊殺出子出子生五歲立立六年卒三父等乃復立故太子武公武公元年伐彭戲氏至于華山下居平陽封

宮三年誅三父等而夷三族以其殺出子也鄭高渠眯殺其君昭公十年伐邽冀戎初縣之（地里志隴西有上邽縣應劭曰即邽戎邑也冀縣屬天水郡）十一年初縣杜鄭（地里志京兆有鄭縣杜縣也）滅小虢（班固曰西虢在雍州）十三年齊人管至父連稱等殺其君襄公而立公孫無知晉滅霍魏耿齊雍廩殺無知管至父等而立齊桓公齊晉爲強國十九年晉曲沃始爲晉侯亝桓公伯於鄄二十年武公卒葬雍平陽初以人從死從死者六十六

人有子一人名曰白白不立封平陽立其弟德公德公元年初居雍城（徐廣曰今縣在扶風）大鄭宮以犧三百牢祠鄜畤卜居雍後子孫飲馬於河梁伯芮伯來朝二年初伏（孟康曰六月伏日初也周時無至此乃有之）以狗禦蠱（徐廣曰年表云初作伏祠社磔狗邑四門也）德公生三十三歲而立立二年卒生子三人長子宣公中子成公少子穆公長子宣公立宣公元年衞燕伐周出惠王立王子頹三年鄭伯虢叔殺子頹而入惠王四年作

密時與晉戰河陽勝之十二年宣公卒生
子九人莫立立其弟成公成公元年梁伯
芮伯來朝齊桓公伐山戎次于孤竹成公
立四年卒子七人莫立立其弟繆公繆公
任好元年自將伐茅津勝之四年迎婦於
晉晉太子申生姊也其歲齊桓公伐楚至
邵陵五年晉獻公滅虞虢虜虞君與其大
夫百里傒以璧馬賂於虞故也旣虜百里
傒以爲秦繆公夫人媵於秦百里傒亡秦

走宛（地理志南陽有宛縣）楚鄙人執之繆公聞百里傒
賢欲重贖之恐楚人不與乃使人謂楚曰
吾媵臣百里傒在焉請以五羖羊皮贖之
楚人遂許與之當是時百里傒年已七十
餘繆公釋其囚與語國事謝曰臣亡國之
臣何足問繆公曰虞君不用子故亡非子
罪也固問語三日繆公大說授之國政號
曰五羖大夫百里傒讓曰臣不及臣友蹇
叔蹇叔賢而世莫知臣嘗游困於齊而乞

食銍人徐廣曰銍一作鋞蹇叔收臣臣因而欲事齊君無知蹇叔止臣臣得脫齊難遂之周周王子頹好牛臣以養牛干之及頹欲用臣蹇叔止臣臣去得不誅事虞君蹇叔止臣臣知虞君不用臣臣誠私利祿爵且留冊用其言得脫一不用及虞君難是以知其賢於是繆公使人厚幣迎蹇叔以爲上大夫秋繆公自將伐晉戰於河曲徐廣曰一作西駰案公羊傳曰河千里而一曲也服虔曰河曲晉地杜預曰河曲在蒲坂南晉驪姬作亂太

子申生死新城重耳夷吾出犇九年齊桓公會諸侯於葵丘晉獻公卒立驪姬子奚齊其臣里克殺奚齊荀息立卓子徐廣曰一作倬克又殺卓子及荀息夷吾使人請秦求入晉於是繆公許之使百里傒將兵送夷吾夷吾謂曰誠得立請割晉之河西八城與秦及至已立而使丕鄭謝秦背約不與河西城而殺里克丕鄭聞之恐因與繆公謀曰晉人不欲夷吾實欲重耳今背秦約而殺

里克皆呂甥郤芮之計也願君以利急召
呂郤呂郤至則更入重耳便繆公許之使
人與丕鄭召呂郤呂郤等疑丕鄭有閒
乃言夷吾殺丕鄭丕鄭子丕豹奔秦說繆
公曰晉君無道百姓不親可伐也繆公曰
百姓苟不便何故能誅其大臣能誅其大
臣此其調也不聽而陰用豹十二年齊管
仲隰朋死晉旱來請粟丕豹說繆公勿與
因其飢而伐之繆公問公孫支服虔曰秦大夫公孫子桑

支曰飢穰更事耳不可不與問百里傒傒曰夷吾得罪於君其百姓何罪於是用百里傒公孫支言卒與之粟以船漕車轉自雍相望至絳（賈逵曰雍秦國都絳晉國都也）十四年秦飢請粟於晉晉君謀之羣臣虢射曰因其飢伐之可有大功晉君從之十五年興兵將攻秦繆公發兵使丕豹將自往擊之九月壬戌與晉惠公夷吾合戰於韓地晉君棄其軍與秦爭利還而馬鷙繆公與麾下馳追

之不能得晉君反爲晉軍所圍晉擊繆公
繆公傷於是岐下食善馬者三百人馳冒
晉軍晉軍解圍遂脫繆公而反生得晉君
初繆公亡善馬岐下野人共得而食之者
三百餘人吏逐得欲法之繆公曰君子不
以畜產害人吾聞食善馬肉不飲酒傷人
乃皆賜酒而赦之三百人者聞秦擊晉皆
求從從而見繆公窘亦皆推鋒爭死以報
食馬之德於是繆公虜晉君以歸令於國

齊宿吾將以晉君祠上帝周天子聞之曰晉我同姓爲請晉君夷吾姊亦爲繆公夫人夫人聞之乃衰絰跣曰妾兄弟不能相救以辱君命繆公曰我得晉君以爲功今天子爲請夫人是憂乃與晉君盟許歸之更舍上舍而饋之七牢賈逵曰諸侯雍餼七牢牛一羊一豕一爲一牢也十一月歸晉君夷吾夷吾獻其河西地使太子圉爲質於秦秦妻子圉以宗女是時秦地東至河十八年齊桓公卒二十年秦

滅梁芮二十二年晉公子圉聞晉君病曰梁我母家也而秦滅之我兄弟多即君百歲後秦必留我而晉輕亦更立他子圉乃亡歸晉二十三年晉惠公卒子圉立為君秦怨圉亡去乃迎晉公子重耳於楚而妻以故子圉妻重耳初謝後乃受繆公益禮厚遇之二十四年春秦使人告晉大臣欲入重耳晉許之於是使人送重耳二月重耳立為晉君是為文公文公使人殺子

圍子圉是爲襄公其秋周襄王弟帶以翟
伐王王出居鄭二十五年周王使人告難
於晉秦秦繆公將兵助晉文公入襄王殺
王弟帶二十八年晉文公敗楚於城濮三
十年繆公助晉文公圍鄭鄭使人言繆公
曰亡鄭厚晉於晉而得矣而秦未有利晉
之強秦之憂也繆公乃罷兵歸晉亦罷三
十二年冬晉文公卒鄭人有賣鄭於秦曰
我主其城門鄭可襲也繆公問蹇叔百里

傒對曰徑數國千里而襲人希有得利者
且人賣鄭庸知我國人不有以我情告鄭
者乎不可繆公曰子不知也吾已決矣遂
發兵使百里傒子孟明視蹇叔子西乞術
及白乙丙將兵行日百里傒蹇叔二人哭
之繆公聞怒曰孤發兵而子沮哭吾軍何
也二老曰臣非敢沮君軍軍行臣子與往
臣老遅還恐不相見故哭耳二老退謂其
子曰汝軍即敗必於殽阨矣三十三年春

秦兵遂東更晉地過周北門周王孫滿曰
秦師無禮不敗何待兵至滑鄭販賣賈人
弦高持十二牛将賣之周見秦兵恐死虜
因獻其牛曰聞大國将誅鄭鄭君謹修守
禦備使臣以牛十二勞軍士秦三将軍相
謂曰将襲鄭鄭今已覺之往無及已滅滑
滑晉人邊邑也當是時晉文公喪尚未葬
太子襄公怒曰秦侮我孤因喪破我滑遂
墨衰絰發兵遮秦兵於殽擊之大破秦軍

無一人得脫者虜秦三將以歸文公夫人秦女也服虔曰繆公女爲秦三囚將請曰繆公之怨此三人入於骨髓願令此三人歸令我君得自快烹之晉君許之歸秦三將三將至繆公素服郊迎嚮三人哭曰孤以不用百里傒蹇叔言以辱三子三子何罪乎子其悉心雪恥毋怠遂復三人官秩如故愈益厚之三十四年楚太子商臣弑其父成王代立繆公於是復使孟明視等將兵伐晉

戰于彭衙（杜預曰馮翊郃陽縣西北有衙城）秦不利引兵歸戎王使由余於秦由余其先晉人也亡入戎能晉言聞繆公賢故使由余觀秦秦繆公示以宮室積聚由余曰使鬼爲之則勞神矣使人爲之亦苦民矣繆公怪之問曰中國以詩書禮樂法度爲政然尚時亂今戎夷無此何以爲治不亦難乎由余笑曰此乃中國所以亂也夫自上聖黃帝作爲禮樂法度身以先之僅以小治及其後世日

以驕淫阻法度之威以責督於下下罷極則以仁義怨望於上上下交爭怨而相簒弑至於滅宗皆以此類也夫戎夷不然上含淳德以遇其下下懷忠信以事其上一國之政猶一身之治不知所以治此眞聖人之治也於是繆公退而問内史廖曰漢書百官表曰内史周官也孤聞鄰國有聖人敵國之憂也今由余賢寡人之害將柰之何内史廖曰戎王處辟匿未聞中國之聲君試遺其女

樂以奪其志徐廣曰奪一作徇　爲由余請以踈其閒留而莫遣以失其期戎王怪之必疑由余君臣有閒乃可虜也且戎王好樂必怠於政繆公曰善因與由余曲席而坐傳器而食問其地形與其兵勢盡詧而后令內史廖以女樂二八遺戎王戎王受而說之終年不還於是秦乃歸由余由余數諫不聽繆公又數使人閒要由余由余遂去降秦繆公以客禮禮之問伐戎之形三十六年

繆公復益厚孟明等使將兵伐晉渡河焚船大敗晉人取王官及鄗徐廣曰左傳作郊駰案服虔曰皆晉地不能有以報殽之役晉人皆城守不敢出於是繆公乃自茅津徐廣曰在大陽渡河封殽中尸賈逵曰封識之爲發喪哭之三日乃誓於軍曰嗟士卒聽無譁余誓告汝古之人謀黃髮番番則無所過以申思不用蹇叔百里傒之謀故作此誓令後世以記余過君子聞之皆爲垂涕曰嗟乎秦繆公之與人周也服虔曰周備也卒

得孟明之慶三十七年秦用由余謀伐戎王益國十二開地千里遂霸西戎天子使召公過賀繆公以金鼓三十九年繆公卒葬雍皇覽曰秦繆公冢在橐泉宮祈年觀下從死者百七十七人秦之良臣子輿氏三人名曰奄息仲行鍼虎亦在從死之中秦人哀之爲作歌黃鳥之詩君子曰秦繆公廣地益國東服强晉西霸戎夷然不爲諸侯盟主亦宜哉死而棄民收其良臣而從死且先王崩尚猶遺

德垂法況奪之善人良臣百姓所哀者乎是以知秦不能復東征也穆公子四十人其太子罃代立是爲康公康公元年往歲繆公之卒晉襄公亦卒襄公之弟名雍秦出也在秦晉趙盾欲立之使隨會來迎雍秦以兵送至令狐杜預曰在河東晉立襄公子而反擊秦師秦師敗隨會來奔二年秦伐晉於武城報令狐之役四年晉伐秦取少梁六年秦伐晉取羈馬服虔曰晉邑也戰於河曲大敗晉

軍晉人患隨會在秦為亂乃使魏讎餘服虔曰晉之魏邑大夫詳反合謀會詐而得會會遂歸晉

康公立十二年卒子共公立共公二年晉趙穿弑其君靈公三年楚莊王強北兵至雒問周鼎共公立五年卒子桓公立桓公三年晉敗我一將十年楚莊王服鄭北敗晉兵於河上當是之時楚霸為會盟合諸侯二十四年晉厲公初立與秦桓公夾河而盟歸而秦倍盟與翟合謀擊晉二十六

年晉率諸侯伐秦秦軍敗走追至涇而還桓公立二十七年卒子景公立徐廣曰世本云景公名后伯車也景公四年晉欒書弒其君厲公十五年救鄭敗晉兵於櫟杜預曰晉地也是時晉悼公爲盟主十八年晉悼公強數會諸侯率以伐秦敗秦軍秦軍走晉兵追之遂渡涇至棫林而還徐廣曰棫音域駰案杜預曰秦地也二十七年景公如晉與平公盟已而背之三十六年楚公子圍弒其君而自立是爲靈王景公母弟后子

鍼有寵景公母弟富或譖之恐誅乃奔晉車重千乘晉平公曰后子富如此何以自亡對曰秦公無道畏誅欲待其後世乃歸三十九年楚靈王強會諸侯於申爲盟主殺齊慶封景公立四十年卒子哀公立后子復來歸秦哀公八年楚公子棄疾弑靈王而自立是爲平王十一年楚平王來求秦女爲太子建妻至國女好而自娶之十五年楚平王欲誅建建亡伍子胥奔吳晉

公室卑而六卿彊欲内相攻是以久秦晉
不相攻三十一年吴王闔閭與伍子胥伐
楚楚王亡奔隨吴遂入郢楚大夫申包胥
來告急七日不食日夜哭泣於是秦乃發
五百乘救楚敗吴師吴師歸楚昭王乃得
復入郢哀公立三十六年卒太子夷公夷
公蚤死不得立立夷公子是爲惠公惠公
元年孔子行魯相事五年晉卿中行范氏
反晉晉使智氏趙簡子攻之范中行氏亡

奔齊惠公立十年卒子悼公立悼公一年
齊臣田乞弑其君孺子立其兄陽生爲悼
公六年吴敗齊師齊人弑悼公立其子簡
公九年晉定公與吴王夫差盟爭長於黄
池卒先吴（徐廣曰外傳云吴王先歃）吴彊陵中國十二年
齊田常弑簡公立其弟平公常相之十三
年楚滅陳秦悼公立十四年卒子厲共公
立孔子以悼公十二年卒厲共公二年蜀
人來賂十六年塹河旁以兵二萬伐大荔

取其王城徐廣曰今之臨晉也臨晉有王城二十一年初縣頻陽地里志馮翊有頻陽縣晉取武成二十四年晉亂殺智伯分其國與趙韓魏二十五年智開與邑人來奔徐廣曰一本二十六年城南鄭也三十三年伐義渠虜其王應劭曰義渠北地也三十四年日食厲共公卒子躁公立躁公二年南鄭反十三年義渠來伐至渭南十四年躁公卒立其弟懷公懷公四年庶長鼂與大臣圍懷公懷公自殺懷公太子曰昭子蚤死大臣乃立太子昭

子之子是爲靈公靈公懷公孫也靈公六年晉城少梁秦擊之十一年城籍姑靈公卒子獻公不得立立靈公季父悼子是爲簡公簡公昭子之弟而懷公子也簡公六年令吏初帶劍塹洛城重泉地里志重泉縣屬馮翊十六年卒徐廣曰表云十五年也子惠公立惠公十二年子出子生十三年伐蜀取南鄭惠公卒出子立出子二年庶長改迎靈公之子獻公于河西而立之殺出子及其母沈之淵旁

秦以往者數易君君臣乖亂故晉復強奪秦河西地獻公元年徐廣曰丁酉止從死二年城櫟陽徐廣曰徙都之今萬年是也四年正月庚寅孝公生十一年周太史儋見獻公曰周故與秦國合而別別五百歲復合七十七歲而霸王出十六年桃冬花十八年雨金櫟陽二十一年與晉戰於石門斬首六萬天子賀以黼黻周禮曰白與黑謂之黼黑與青謂之黻二十三年與魏晉戰少梁虜其將公孫痤二十四年獻公

卒徐廣曰表云二十三年子孝公立年已二十一歲矣孝公元年徐廣曰庚申也河山以東彊國六與齊威楚宣魏惠燕悼韓哀趙成侯並淮泗之間小國十餘楚魏與秦接界魏築長城自鄭濱洛以北有上郡楚自漢中南有巴黔中周室微諸侯力政爭相併秦僻在雍州不與中國諸侯之會盟夷翟遇之孝公於是布惠振孤寡招戰士明功賞下令國中曰昔我穆公自岐雍之間修德行武東平晉

亂以河爲界西霸戎翟廣地千里天子致
伯諸侯畢賀爲後世開業甚光美會往者
厲躁簡公出子之不寧國家內憂未遑外
事三晉攻奪我先君河西地諸侯卑秦醜
莫大焉獻公即位鎮撫邊境徙治櫟陽且
欲東伐復穆公之故地脩穆公之政令寡
人思念先君之意常痛於心賓客羣臣有
能出奇計彊秦者吾且尊官與之分土於
是乃出兵東圍陝城西斬戎之獂王地里志天

水有獂道縣應劭曰獂戎邑音桓衛鞅聞是令下西入秦因景監求見孝公二年天子致胙三年衛鞅說孝公變法修刑内務耕稼外勸戰死之賞罰孝公善之甘龍杜摯等弗然相與爭之卒用鞅法百姓苦之居三年百姓便之乃拜鞅為左庶長其事在商君語中七年與魏惠王會杜平八年與魏戰元里有功十年衛鞅為大良造將兵圍魏安邑降之地里志曰河東有安邑縣十二年作為咸陽築冀闕秦徙都

之幷諸小鄉聚集爲大縣縣一令漢書百官表曰縣令長皆秦官萬户以上爲令秩千石至六百石減萬户爲長秩五百石至三百石皆有丞尉四十一縣爲田開阡陌東地渡洛十四年初爲賦徐廣曰制貢賦之法也十九年天子致伯二十年諸侯畢賀秦使公子少官率師會諸侯逢澤徐廣曰開封東北有逢澤朝天子二十一年齊敗魏馬陵二十二年衛鞅擊魏虜魏公子卬封鞅爲列侯號商君二十四年與晉戰鴈門虜其將魏錯孝公卒子惠文君立是歲誅衛鞅鞅

之初爲秦施法法不行太子犯禁鞅曰法之不行自於貴戚君必欲行法先於太子太子不可黥黥其傅師於是法大用秦人治及孝公卒太子立宗室多怨鞅鞅亡因以爲反而卒車裂以徇秦國漢書曰商君爲法於秦戰斬一首賜爵一級欲爲官者五千石其爵名一爲公士二上造三簪褭四不更五大夫六公大夫七官大夫八公乘九五大夫十左庶長十一右庶長十二左更十三中更十四右更十五少上造十六大上造十七駟車庶長十八大庶長十九關內侯二十徹侯惠文君元年楚韓趙蜀人來朝二年天子賀三年王冠四年天子

致文武胙齊魏爲王五年陰晉人犀首爲大良造（犀首官名姓公孫名衍）六年魏納陰晉陰晉更名寧秦（徐廣曰今之華陰也）七年公子卬與魏戰虜其將龍賈斬首八萬八年魏納河西地九年渡河取汾陰皮氏（地理志二縣屬河東）與魏王會應圍焦降之十年張儀相秦魏納上郡十五縣十一年縣義渠歸魏焦曲沃義渠君爲臣更名少梁曰夏陽十二年初臘十三年四月戊午魏君爲王韓亦爲王使張儀伐取

陜出其人與魏十四年更爲元年二年張儀與齊楚大臣會齧桑三年韓魏太子來朝張儀相魏五年王游至北河徐廣曰戎地在河上七年樂池相秦韓趙魏燕齊帥匈奴共攻秦秦使庶長疾與戰脩魚虜其將申差敗趙公子渴韓太子奐斬首八萬二千八年張儀復相秦九年司馬錯伐蜀滅之伐取趙中都西陽地里志太原有中都縣十年韓太子蒼來質伐取韓石章伐敗趙將泥徐廣曰將一作莊伐取義

渠二十五城十一年樗里疾攻魏焦降之敗韓岸門斬首萬其將犀首走公子通封於蜀（徐廣曰是歲王赧元年）燕君讓其臣子之十二年王與梁王會臨晉庶長疾攻趙虜趙將莊張儀相楚十三年庶長章擊楚於丹陽虜其將屈匄斬首八萬又攻楚漢中取地六百里置漢中郡楚圍雍氏秦使庶長疾助韓而東攻齊到滿助魏攻燕十四年伐楚取召陵丹犂臣蜀相壯（徐廣曰一作狀）殺蜀侯來降

惠王卒子武王立韓魏齊楚越（徐廣曰一作趙）皆賓從武王元年與魏惠王會臨晉（徐廣曰表云哀王）誅蜀相壯張儀魏章皆東出之魏伐義渠丹犂二年初置丞相（應劭曰丞者承也相助也）樗里疾甘茂爲左右丞相張儀死於魏三年與韓襄王會臨晉外南公揭卒樗里疾相韓武王謂甘茂曰寡人欲容車通三川窺周室死不恨矣其秋使甘茂庶長封伐宜陽四年拔宜陽斬首六萬涉河城武遂（徐廣曰韓邑也）

魏太子來朝武王有力好戲力士任鄙烏
獲孟說皆至大官王與孟說舉鼎絕臏徐廣
曰一作脉八月武王死皇覽曰秦武王冢在扶風安陵縣西北畢陌中大冢是也人以爲周
文王冢非也周文王冢在杜中族孟說武王取魏女爲后無子
立異母弟是爲昭襄王昭襄母楚人姓芊
氏號宣太后武王死時昭襄王爲質於燕
燕人送歸得立昭襄王元年嚴君疾爲相
甘茂出之魏二年彗星見庶長壯與大臣
諸侯公子爲逆皆誅及惠文后皆不得良

死徐廣曰迎婦於楚者悼武王后出歸魏三年王冠與楚王會黄棘與楚上庸地里志漢中有上庸縣四年取蒲坂彗星見五年魏王來朝應亭徐廣曰魏世家云會臨晉復與魏蒲坂六年蜀侯煇反司馬錯定蜀庶長奐伐楚斬首二萬涇陽君質於齊日食晝晦七年拔新城樗里子卒八年使將軍芊戎攻楚取新市晉帝記曰江夏有新市縣齊使章子魏使公孫喜韓使暴鳶共攻楚方城取唐眛趙破中山其君亡竒死齊魏公子

勁韓公子長為諸侯九年孟嘗君薛文來相秦奐攻楚取八城殺其將景快十年楚懷王入朝秦秦留之薛文以金受免樓緩為丞相十一年齊韓魏趙宋中山五國共攻秦至鹽氏而還（徐廣曰鹽一作監）秦與韓魏河北及封陵以和彗星見楚懷王走之趙趙不受還之秦即死歸葬十二年樓緩免穰侯魏冄為相予楚粟五萬石十三年向壽伐韓取武始（地里志魏郡有武始縣）左更白起攻新城五

大夫禮出亡奔魏任鄙爲漢中守漢書百官表曰郡守秦官十四年左更白起攻韓魏於伊闕斬首二十四萬虜公孫喜拔五城十五年大良造白起攻魏取垣復予之攻楚取宛十六年左更錯取軹及鄧地里志河內有軹縣南陽有鄧縣冉免封公子市宛公子悝鄧魏冉陶爲諸侯十七年城陽君入朝及東周君來朝秦以垣爲蒲坂皮氏王之宜陽十八年錯攻垣河雍決橋取之徐廣曰汲冢紀年云魏哀王二十四年改宜陽曰河雍改向曰高平向在

軌之西十九年王爲西帝齊爲東帝皆復去之呂禮來自歸齊破宋宋王在魏死温任鄙卒二十年(徐廣曰秦地有父馬生駒)王之漢中又之上郡北河二十一年(徐廣曰有牡馬生牛而死)錯攻魏河內魏獻安邑秦出其人募徙河東賜爵赦罪人遷之涇陽君封宛二十二年蒙武伐齊河東爲九縣與楚王會宛與趙王會中陽(地里志西河有中陽縣)二十三年尉斯離與三晉燕伐齊破之濟西王與魏王會宜陽與韓王會新

城二十四年與楚王會鄢又會穰秦取魏安城（地里志汝南有安城縣）至大梁燕趙救之秦軍去魏冄免相二十五年拔趙二城與韓王會新城與魏王會新明邑二十六年赦罪人遷之穰侯冄復相二十七年錯攻楚赦罪人遷之南陽白起攻趙取代光狼城又使司馬錯發隴西因蜀攻楚黔中拔之二十八年大良造白起攻楚取鄢鄧赦罪人遷之二十九年大良造白起攻楚取郢爲南郡

楚王走周君來王與楚王會襄陵地里志河東有襄陵縣白起爲武安君三十年蜀守若伐取巫郡及江南爲黔中郡三十一年白起伐魏取兩城楚人反我江南三十二年相穰侯攻魏至大梁破暴鳶斬首四萬鳶走魏入三縣請和三十三年客卿胡傷攻魏卷地里志河南有卷縣蔡陽長社取之地里志潁川有長社縣擊芒卯華陽破之司馬彪曰華陽亭名在密縣斬首十五萬魏入南陽以和徐廣曰河內脩武古曰南陽秦始皇更名河內屬魏地荊州之南陽郡本屬韓地三

十四年秦與魏韓上庸地爲一郡南陽免臣遷居之三十五年佐韓魏楚伐燕初置南陽郡三十六年客卿竈攻齊取剛壽予穰侯三十八年中更胡傷攻趙閼與孟康曰音焉與邑名在上黨涅縣西不能取四十年悼太子死魏歸葬芷陽徐廣曰今霸陵四十一年夏攻魏取邢丘懷徐廣曰邢丘在平皐駰案韓詩外傳武王伐紂到于邢丘勒兵於甯更名邢丘曰懷甯曰脩武四十二年安國君爲太子十月宣太后薨徐廣曰芊氏葬芷陽酈山九月穰侯出之陶四十三

年武安君白起攻韓拔九城斬首五萬四十四年攻韓南郡取之四十五年五大夫賁攻韓取十城葉陽君（一云華陽）悝出之國未至而死四十七年秦攻韓上黨上黨降趙秦因攻趙趙發兵擊秦相距秦使武安君白起擊大破趙於長平四十餘萬盡殺之四十八年十月韓獻垣雍（司馬彪曰河南卷縣有垣雍城）秦軍分爲三軍武安君歸王齕將伐趙武安皮牢拔之司馬梗北定太原盡有韓上黨正月

兵罷復守上黨其十月五大夫陵攻趙邯鄲四十九年正月益發卒佐陵陵戰不善免王齕代將其十月將軍張唐攻魏爲蔡尉捐弗守還斬之五十年十月武安君白起有罪爲士伍遷陰密（如淳曰嘗有爵而以罪奪爵皆稱士伍）張唐攻鄭拔之十二月益發卒軍汾城旁武安君白起有罪死齕攻邯鄲不拔去還奔汾軍二月餘攻晉軍斬首六千晉楚流死河二萬人（徐廣曰楚一作走）攻汾城即從唐拔寧（徐廣

曰一作曼此趙邑也新中寧新中更名安陽徐廣曰魏郡有安陽縣
初作河橋五十一年將軍摎攻韓取陽城
負黍斬首四萬攻趙取二十餘縣首虜九
萬西周君背秦與諸侯約從將天下銳兵
出伊闕攻秦令秦毋得通陽城於是秦使
將軍摎攻西周西周君走來自歸頓首受
罪盡獻其邑三十六城口三萬秦王受獻
歸其君於周五十二年周民東亡其器九
鼎入秦周初亡五十三年天下來賓魏後

秦使摎伐魏取吳城徐廣曰在大陽韓王入朝魏委
國聽令五十四年王郊見上帝於雍五十
六年秋昭襄王卒子孝文王立尊唐八子
爲唐太后徐廣曰八子者妾媵之號姓唐而合其葬於先王
韓王衰絰入弔祠諸侯皆使其將相來弔
祠視喪事孝文王元年赦罪人修先王功
臣褒厚親戚弛苑囿孝文王除喪十月己
亥即位三日辛丑卒子莊襄王立莊襄王
元年大赦罪人修先王功臣施德厚骨肉

而布惠於民東周君與諸侯謀秦秦使相
國呂不韋誅之盡入其國秦不絕其祀以
陽人地（地里志河南梁縣有陽人聚）賜周君奉其祭祀使蒙
驁伐韓韓獻成皋鞏秦界至大梁初置三
川郡（韋昭曰有河洛伊故曰三川駰案地里志漢高祖更曰河南郡）二年使蒙驁
攻趙定太原三年蒙驁攻魏高都汲（徐廣曰一
作波波縣亦在河內）拔之攻趙榆次新城狼孟取二十
七城四月日食四年王齕攻上黨初置太
原郡魏將無忌率五國兵擊秦秦却於河

外蒙驁敗解而去五月丙午莊襄王卒子政立是為秦始皇帝秦王政立二十六年初并天下為三十六郡號為秦皇帝始皇帝五十一年而崩子胡亥立是為二世皇帝三年諸侯並起叛秦趙高殺二世立子嬰子嬰立月餘諸侯誅之遂滅秦其語在始皇本紀中

太史公曰秦之先為嬴姓其後分封以國為姓有徐氏郯氏莒氏終黎氏徐廣曰世本作鍾離應劭

曰氏姓注云有姓終黎者是運奄氏菟裘氏將梁氏黃氏江氏脩魚氏白冥氏蜚廉氏秦氏然秦以其先造父封趙城爲趙氏

秦本紀卷第五

秦始皇本

秦始皇帝者

質子於趙見呂

以秦昭王四十八

名爲政徐廣曰一作正宋忠以正月旦生故名正

莊襄王死政代立爲秦

巳并巴蜀漢中越宛有郢置南郡矣北收

上郡以東有河東太原上黨郡東至滎陽

滅二周置三川郡呂不韋爲相封十萬

號曰文信侯招致賓客游士欲以并
李斯為舍人（文穎曰主廄內小吏官名或曰侍從賓客謂之舍人也）蒙驁
齮（徐廣曰一作齕）麃公等為將軍（應劭曰麃秦邑）王年少初
位委國事大臣晉陽反元年將軍蒙驁擊
定之二年麃公將卒攻卷斬首三萬三年
蒙驁攻韓取十三城王齮死十月將軍蒙
驁攻魏氏暘有詭（徐廣曰暘音場）歲大飢四年拔暘
有詭三月軍罷秦質子歸自趙趙太子出
歸國十月庚寅蝗蟲從東方來蔽天天下

疫百姓内粟千石拜爵一級五年將軍驁

攻魏定酸棗（地理志陳留有酸棗縣）燕虛長平（徐廣曰一作千駰案地里志汝南有長平縣也）雍丘山陽城（地里志陳留有雍丘縣河內有山陽縣）皆拔

之取二十城初置東郡冬雷六年韓魏趙

衞楚共擊秦取壽陵秦出兵五國兵罷拔

衞迫東郡其君角率其支屬徙居野王阻

其山以保魏之河內七年彗星先出東方

見北方五月見西方將軍驁死以攻龍孤

慶都（徐廣曰慶一作應）還兵攻汲彗星復見西方十

六日夏太后死八年王弟長安君成蟜將軍擊趙反死屯留軍吏皆斬死遷其民於臨洮將軍壁死卒屯留蒲鶮反戮其屍徐廣曰鶮一作鶴屯留蒲鶮皆地名也壁於此地時士卒死者皆戮其屍河魚大上輕車重徐廣曰一無此重字馬東就食嫪毐封爲長信侯予之山陽地令毐居之宮室車馬衣服苑囿馳獵恣毐事無小大皆決於毐又以河西徐廣曰河一作汾太原郡更爲毐國九年彗星見或竟天攻魏垣蒲陽四月上宿雍蔡邕曰上者尊

位所在也司馬遷記事當言帝則依違但言上不敢媟言尊尊之意也己酉王冠帶

劒徐廣曰年二十二長信侯毐作亂而覺矯王御璽

蔡邕曰御者進也凡衣服加於身飲食入於口妃妾接於寢皆曰御御之親愛者曰幸璽者印信也天子璽曰玉螭虎紐古者尊卑共之月令曰固封璽左傳曰季武子璽書追而與之此諸侯大夫印稱璽也衛宏曰秦以前民皆以金玉爲印龍虎鈕唯其所好秦以來天子獨以印稱璽又獨以玉羣臣莫敢用及

太后璽以發縣卒及衛卒官騎戎翟君公

舍人將欲攻蘄年宮爲亂地里志蘄年宮在雍王知之

令相國昌平君昌文君發卒攻毐戰咸陽

斬首數百皆拜爵及宦者皆在戰中亦拜

爵一級毐等敗走即令國中有生得毐賜錢百萬殺之五十萬盡得毐等衛尉竭漢書百官表曰衛尉秦官內史肆佐弋竭漢書百官表曰秦時少府有佐弋漢武帝改爲佽飛掌弋射者中大夫令齊等二十人皆梟首縣首於木上曰梟車裂以徇滅其宗及其舍人輕者爲鬼薪應劭曰取薪給宗廟爲鬼薪也如淳曰律說鬼薪作三歲及奪爵遷蜀四千餘家家房陵四月寒凍有死者楊端和攻衍氏彗星見西方又見北方從斗以南八十日十年徐廣曰甲子相國呂不韋坐嫪

毒免栢齮爲將軍齊趙來置酒齊人茅焦說秦王曰秦方以天下爲事而大王有遷母太后之名恐諸侯聞之由此倍秦也秦王乃迎太后於雍而入咸陽說苑曰秦始皇立茅焦爲傅又爵之上卿太后大喜曰天下亢直使敗復成安秦社稷使妾母子復相見者茅君之力也復居甘泉宮徐廣曰表云咸陽南宮也大索逐客李斯上書說乃止逐客令李斯因說秦王請先取韓以恐他國於是使斯下韓韓王患之與韓非謀弱秦大梁人尉繚來說秦王曰以秦之強

諸侯譬如郡縣之君臣但恐諸侯合從翕而出不意此乃智伯夫差湣王之所以亡也願大王毋愛財物賂其豪臣以亂其謀不過亡三十萬金則諸侯可盡秦王從其計見尉繚亢禮衣服食飲與繚同繚曰秦王爲人蜂準（徐廣曰蜂一作隆）長目摯鳥膺豺聲少恩而虎狼心居約易出人下得志亦輕食人我布衣然見我常身自下我誠使秦王得志於天下天下皆爲虜矣不可與久游

乃亡去秦王覺固止以爲秦國尉卒用其計策而李斯用事十一年王翦桓𪗋楊端和攻鄴取九城王翦攻閼與橑楊徐廣曰橑音老在并州皆并爲一軍翦將十八日軍歸斗食以下漢書百官表曰百石以下有斗食佐史之秩什推二人從軍取鄴安陽桓𪗋將十二年文信侯不韋死竊葬其舍人臨者晉人也逐出之秦人六百石以上奪爵遷五百石以下不臨遷勿奪爵自今以來操國事不道如嫪毐不韋者

籍其門徐廣曰一作文視此秋復嫪毐舍人遷蜀者當是之時天下大旱六月至八月乃雨十三年桓齮攻趙平陽殺趙將扈輒斬首十萬王之河南正月彗星見東方十月桓齮攻趙十四年攻趙軍於平陽取宜安破之殺其將軍桓齮定平陽武城韓非使秦秦用李斯謀留非非死雲陽韓王請爲臣十五年大興兵一軍至鄴一軍至太原取狼孟地理志太原有狼孟縣地動十六年九月發卒受

地韓南陽假守騰初令男子書年魏獻地於秦秦置麗邑十七年內史騰攻韓得韓王安盡納其地以其地為郡命曰穎川地動華陽太后卒民大飢十八年 徐廣曰巴郡出大人長二十五丈六尺 大興兵攻趙王翦將上地下井陘 服虔曰山名在常山今為縣音刑 端和將河內羌瘣伐趙端和圍邯鄲城十九年王翦羌瘣盡定取趙地東陽得趙王引兵欲攻燕屯中山秦王之邯鄲諸嘗與王生趙時母家有仇怨皆阬

之秦王還從太原上郡歸始皇帝母太后崩趙公子嘉率其宗數百人之代自立為代王東與燕合兵軍上谷大飢二十年燕太子丹患秦兵至國恐使荆軻刺秦王秦王覺之體解軻以徇而使王翦辛勝攻燕燕代發兵擊秦軍秦軍破燕易水之西二十一年王賁攻薊乃益發卒詣王翦軍遂破燕太子軍取燕薊城得太子丹之首燕王東收遼東而王之王翦謝病老歸新鄭

反昌平軍徙於郢大雨雪深二尺五寸二十二年王賁攻魏引河溝灌大梁大梁城壞其王請降盡取其地二十三年秦王復召王翦彊起之使將擊荊取陳以南至平輿 地理志汝南有平輿縣 虜荊王秦王游至郢陳荊將項燕立昌平君為荊王反秦於淮南 徐廣曰淮一作江 二十四年王翦蒙武攻荊破荊軍昌平君死項燕遂自殺二十五年大興兵使王賁將攻燕遼東得燕王喜還攻代虜代王

嘉王翦遂定荊江南地降越君置會稽郡五月天下大酺服虔曰酺音蒲文穎曰酺周禮族師掌春秋祭酺爲人物災害之神蘇林曰陳留俗三月上巳水上飲食爲酺二十六年齊王建與其相后勝發兵守其西界不通秦秦使將軍王賁從燕南攻齊得齊王建秦初并天下令丞相御史曰異日韓王納地効璽請爲藩臣已而倍約與趙魏合從畔秦故興兵誅之虜其王寡人以爲善庶幾息兵革趙王使其相李牧來約盟故歸其質子已而倍

盟反我太原故興兵誅之得其王趙公子嘉乃自立爲代王故舉兵擊滅之魏王始約服入秦已而與韓趙謀襲秦秦兵吏誅遂破之荆王獻青陽以西（漢書鄒陽傳曰越水長沙還舟青陽張晏曰青陽地名蘇林曰青陽長沙縣是也）已而畔約擊我南郡故發兵誅得其王遂定其荆地燕王昏亂其太子丹乃陰令荆軻爲賊兵吏誅滅其國齊王用后勝計絕秦使欲爲亂兵吏誅虜其王平齊地寡人以眇眇之身興兵誅暴

亂賴宗廟之靈六王咸伏其辜天下大定今名號不更無以稱成功傳後世其議帝號丞相綰御史大夫劫漢書百官表曰御史大夫秦官應劭曰侍御史之率故稱大夫也廷尉斯等漢書百官表曰廷尉秦官應劭曰聽獄必質諸朝廷與衆共之兵獄同制故稱廷尉皆曰昔者五帝地方千里其外侯服夷服諸侯或朝或否天子不能制今陛下蔡邕曰陛階也所由升堂也天子必有近臣立於陛側以戒不虞謂之陛下者羣臣與天子言不敢指斥故呼在陛下者與之言因卑達尊之意也上書亦如之興義兵誅殘賊平定天下海內為郡縣法令由一統自上

古㠯來未嘗有五帝所不及臣等謹與博士議曰（漢書百官表曰博士秦官掌通古今）古有天皇有地皇有泰皇泰皇最貴臣等昧死上尊號王爲秦皇命爲制令爲詔（蔡邕曰制書帝者制度之命也其文曰制詔詔書詔告也）天子自稱曰朕（蔡邕曰朕我也古者上下共稱之貴賤不嫌則可以同號之義也臯陶與舜言朕言惠可底行屈原曰朕皇考至秦然後天子獨以爲稱漢因而不改）王曰去泰著皇采上古帝位號號曰皇帝他如議制曰可（蔡邕曰羣臣有所奏請尚書令奏之下有司曰制天子荅之曰可）追尊莊襄王爲太上皇（漢高祖尊父曰太上皇亦放此也）制曰朕聞太

古有號毋謚中古有號死而以行爲謚如此則子議父臣議君也甚無謂朕弗取焉自今已來除謚法（謚法周公所作）朕爲始皇帝後世以計數二世三世至于萬世傳之無窮始皇推終始五德之傳（鄭玄曰音亭傳）以爲周得火德秦代周德從所不勝方今水德之始改年始朝賀皆自十月朔衣服旄旌節旗皆上黑數以六爲紀符法冠皆六寸而輿六尺六尺爲步乘六馬（張晏曰水北方黑終數六故以六寸爲符六尺）

爲步瓚曰水數六故以六爲名譙周曰步以人足爲數非獨秦制然更名河曰德水以爲水德之治剛毅戾深事皆決於法刻削毋仁恩和義然後合五德之數於是急法久者不赦丞相綰等言諸侯初破燕齊荆地遠不爲置王毋以填之請立諸子唯上幸許始皇下其議於羣臣羣臣皆以爲便廷尉李斯議曰周文武所封子弟同姓甚衆然后屬疏遠相攻擊如仇讎諸侯更相誅伐周天子弗能禁止今海内賴陛下神

靈一統皆爲郡縣諸子功臣以公賦稅重賞賜之甚足易制天下無異意則安寧之術也置諸矦不便始皇曰天下共苦戰鬬不休以有矦王賴宗廟天下初定又復立國是樹兵也而求其寧息豈不難哉廷尉議是分天下以爲三十六郡三十六郡者三川河東南陽南郡九江鄣郡會稽潁川陽郡泗水薛郡東郡琅邪齊郡上谷漁陽右北平遼西遼東代郡鉅鹿邯鄲上黨太原雲中九原鴈門上郡隴西北地漢中巴郡蜀郡黔中長沙凡三十五與內史爲三十六郡郡置守尉監漢書百官表曰秦郡守掌治其郡有丞尉掌佐守典武職甲卒監御史掌監郡更

名民曰黔首應劭曰黔亦黎黑也大酺收天下兵應劭曰古
者以銅爲兵聚之咸陽銷以爲鍾鐻徐廣曰音巨金人十
二重各千石置廷宮中一法度衡石丈尺
車同軌書同文字地東至海暨朝鮮西至
臨洮羌中南至北嚮户吴都賦曰開北户以向日劉逵曰日南之北户
猶曰北之南户也北據河爲塞並陰山地理志西河有陰山縣至遼
東徙天下豪富於咸陽十二萬户諸廟及
章臺上林皆在渭南秦每破諸侯寫放其
宮室作之咸陽北阪上徐廣曰在長安西北漢武時別名渭城南

臨渭自雍門徐廣曰在高陸縣以東至涇渭殿屋複道周閣相屬所得諸侯美人鍾鼓以充入之二十七年始皇巡隴西北地出雞頭山過回中焉應劭曰回中在安定高平孟康曰回中在北地作信宮渭南已更命信宮爲極廟象天極自極廟道通酈山作甘泉前殿築甬道應劭曰築垣牆如街巷自咸陽屬之是歲賜爵一級治馳道應劭曰馳道天子道也道若今之中道然漢書賈山傳曰秦爲馳道於天下東窮燕齊南極吴楚江湖之上濱海之觀畢至道廣五十步三丈而樹厚築其外隱以金椎樹以青松二十八年始皇東行郡

縣上鄒嶧山韋昭曰鄒魯縣山在其北立石與魯諸儒生議刻石頌秦德議封禪望祭山川之事乃遂上泰山立石封祠祀服虔曰增天之高歸功於天張晏曰天高不可及於泰山上立封禪而祭之冀近神靈也瓚曰積土爲封謂負土於泰山上爲壇而祭之下風雨暴至休於樹下因封其樹爲五大夫禪梁父服虔曰禪闡廣土地也瓚曰古者聖王封泰山禪亭亭或梁父皆太山下小山除地爲墠祭於梁父後改墠曰禪刻所立石其辭曰皇帝臨位作制明法臣下脩飭二十有六年初幷天下罔不賓服親巡遠方黎民登茲泰山周覽東極

從臣思迹本原事業祗誦功德治道運行
諸産得宜皆有法式大義休明垂于後世
順承勿革皇帝躬聖既平天下不懈於治
夙興夜寐建設長利專隆教誨訓經宣達
遠近畢理咸承聖志貴賤分明男女禮順
慎遵職事昭隔内外徐廣曰隔一作融靡不清淨施
于後嗣化及無窮遵奉遺詔永承重戒於
是乃並勃海以東過黃腄地里志東萊有黃縣腄縣窮成
山登之罘地里志之罘山在腄縣立石頌秦德焉而去

南登琅邪大樂之留三月乃徙黔首三萬戶琅邪臺下地里志云越王句踐嘗治琅耶縣起臺館復十二歲作琅邪臺立石刻頌秦德明得意曰維二十六年皇帝作始端平法度萬物之紀以明人事合同父子聖智仁義顯白道理東撫東土以省卒士事已大畢乃臨于海皇帝之功勤勞本事上農除末黔首是富普天之下摶心揖志器械一量同書文字日月所照舟輿所載皆終其命莫不得意應時

動事是維皇帝匡飭異俗陵水經地憂恤
黔首朝夕不懈除疑定法咸知所辟方伯
分職諸治經易舉錯必當莫不如畫皇帝
之明臨察四方尊卑貴賤不踰次行姦邪
不容皆務貞良細大盡力莫敢怠荒遠邇
辟隱專務肅莊端直敦忠事業有常皇帝
之德存定四極誅亂除害興利致福節事
以時諸產繁殖黔首安寧不用兵革六親
相保終無寇賊驩欣奉教盡知法式六合

之內皇帝之土西涉流沙南盡北戶東有東海北過大夏人迹所至無不臣者功蓋五帝澤及牛馬莫不受德各安其宇維秦王兼有天下立名爲皇帝乃撫東土至于琅邪列侯張晏曰列侯者見序例武城侯王離列侯通武侯王賁倫侯建成侯趙亥倫侯昌武侯成倫侯武信侯馮毋擇丞相隗林丞相王綰卿李斯卿王戊五大夫趙嬰五大夫楊樛從與議於海上曰古之帝者地不過千

里諸侯各守其封域或朝或否相侵暴亂
殘伐不止猶刻金石以自爲紀古之五帝
三王知教不同法度不明假威鬼神以欺
遠方實不稱名故不久長其身未歿諸侯
倍叛法令不行今皇帝并一海內以爲郡
縣天下和平昭明宗廟體道行德尊號大
成羣臣相與誦皇帝功德刻于金石以爲
表經既已齊人徐市等上書言海中有三
神山名曰蓬萊方丈瀛洲僊人居之請得

齋戒與童男女求之於是遣徐市發童男
女數千人入海求僊人始皇還過彭城齋
戒禱祠欲出周鼎泗水使千人沒水求之
弗得乃西南渡淮水之衡山南郡浮江至
湘山祠逢大風幾不得渡上問博士曰湘
君何神博士對曰聞之堯女舜之妻而葬
此於是始皇大怒使刑徒三千人皆伐湘
山樹赭其山上自南郡由武關歸應劭曰武關秦南關通南陽文頴曰武關在折西百七十里弘農界二十九年始皇東游

至陽武博浪沙中地里志河南陽武縣有博浪沙爲盜所驚求弗得乃令天下大索十日登之罘刻石其辭曰維二十九年時在中春陽和方起皇帝東游巡登之罘臨照于海從臣嘉觀原念休烈追誦本始大聖作治建定法度顯箸綱紀外教諸侯光施文惠明以義理六國回辟貪戾無猒虐殺不已皇帝哀衆遂發討師奮揚武德義誅信行威燀旁達徐廣曰燀充善反莫不賓服烹滅彊暴振救黔首周定

四極普施明法經緯天下永爲儀則大矣
哉宇縣之中宇宇宙縣赤縣承順聖意羣臣誦功
請刻于石表垂于常式其東觀曰維二十
九年皇帝春游覽省遠方逮于海隅遂登
之罘昭臨朝陽觀望廣麗從臣咸念原道
至明聖法初興清理疆內外誅暴彊武威
旁暢振動四極禽滅六王闡并天下甾害
絕息永偃戎兵皇帝明德經理宇內視聽
不怠作立大義昭設備器咸有章旗職臣

遵分各知所行事無嫌疑黔首改化遠邇同度臨古絕尤常職既定後嗣循業長承聖治羣臣嘉德祗誦聖烈請刻之罘旋遂之琅邪道上黨入三十年無事三十一年徐廣曰使黔首自實田也十二月更名臘曰嘉平太原眞人茅盈內紀曰始皇三十一年九月庚子盈曾祖父濛乃於華山之中乘雲駕龍白日升天先是其邑謠歌曰神仙得者茅初成駕龍上升入泰清時下玄洲戲赤城繼世而往在我盈帝若學之臘嘉平始皇聞謠歌而問其故父老具對此仙人之謠歌勸帝求長生之術於是始皇欣然乃有尋仙之志因改臘曰嘉平賜黔首里六石米二羊始皇爲微行咸陽張晏

曰若微賤之所爲故曰微行也與武士四人俱夜出逢盜蘭池
地里志渭城縣有蘭池宮見窘武士擊殺盜關中大索二
十日米石千六百三十二年始皇之碣石
使燕人盧生求羨門韋昭曰古仙人高誓刻碣石
門徐廣曰一作盟壞城郭決通隄防其辭曰遂興
師旅誅戮無道爲逆滅息武殄暴逆文復
無罪徐廣曰復一作優庶心咸服惠論功勞賞及牛
馬恩肥土域皇帝奮威德并諸侯初一泰
平墮壞城郭決通川防夷去險阻地勢既

定黎庶無繇天下咸撫男樂其疇女修其業事各有序惠被諸產久並來田徐廣曰久一作分莫不安所羣臣誦烈請刻此石垂著儀矩因使韓終侯公石生求仙人不死之藥始皇巡北邊從上郡入燕人盧生使入海還以鬼神事因奏錄圖書曰亡秦者胡也鄭玄曰胡胡亥秦二世名也秦見圖書不知此爲人名反備北胡始皇乃使將軍蒙恬發兵三十萬人北擊胡略取河南地三十三年發諸嘗逋亡人贅壻瓚曰贅謂居窮有子使就

其婦家爲贅壻賈人略取陸梁地爲桂林韋昭曰今鬱林是也象郡韋昭曰今日南南海以適遣戍徐廣曰五十萬人守五嶺西北斥逐匈奴自榆中徐廣曰在金城並河以東服虔曰並音傍傍依也屬之陰山徐廣曰在五原北以爲三十四縣城河上爲塞又使蒙恬渡河取高闕陶山北假中晉灼曰王莽傳云五原北假膏壤殖穀北假地名也築亭障以逐戎人徙謫實之初縣禁不得祠明星出西方徐廣曰皇甫謐云彗星見三十四年適治獄吏不直者築長城及南越地始皇置酒咸陽宮博士七

十人前爲壽僕射周青臣漢書百官表曰僕射秦官古者重武官有主射以督課之應劭曰僕主也進頌曰他時秦地不過千里賴陛下神靈明聖平定海內放逐蠻夷日月所照莫不賓服以諸侯爲郡縣人人自安樂無戰爭之患傳之萬世自上古不及陛下威德始皇悅博士齊人淳于越進曰臣聞殷周之王千餘歲封子弟功臣自爲枝輔今陛下有海內而子弟爲匹夫卒有田常六卿之臣無輔拂何以相救哉事不

師古而能長久者非所聞也今青臣又面
諛以重陛下之過非忠臣始皇下其議丞
相李斯曰五帝不相復三代不相襲各以
治非其相反時變異也今陛下創大業建
萬世之功固非愚儒所知且越言乃三代
之事何足法也異時諸侯並爭厚招游學
今天下已定法令出一百姓當家則力農
工士則學習法令辟禁今諸生不師今而
學古以非當世惑亂黔首丞相臣斯昧死

言古者天下散亂莫之能一是以諸侯並作語皆道古以害今飾虛言以亂實人善其所私學（徐廣曰私一作知）以非上之所建立今皇帝并有天下別白黑而定一尊私學而相與非法教人聞令下則各以其學議之入則心非出則巷議夸主以為名異取以為高率羣下以造謗如此弗禁則主勢降乎上黨與成乎下禁之便臣請史官非秦記皆燒之非博士官所職天下敢有藏詩書

百家語者悉詣守尉雜燒之有敢偶語詩書棄市應劭曰禁民聚語畏其謗已以古非今者族吏見知不舉者與同罪令下三十日不燒黥爲城旦如淳曰律說論決爲髡鉗輸邊築長城晝日司寇虜夜暮築長城城旦四歲也所不去者醫藥卜筮種樹之書若欲有學法令徐廣曰一無法令二字以吏爲師制曰可三十五年除道道九原地理志五原郡有九原縣抵雲陽徐廣曰表云道九原通甘泉塹山堙谷直通之於是始皇以爲咸陽人多先王之宮廷小吾聞周文王都豐武王都

鎬豐鎬之閒帝王之都也乃營作朝宮渭
南上林苑中先作前殿阿房東西五百步
南北五十丈上可以坐萬人下可以建五
丈旗周馳爲閣道自殿下直抵南山表南
山之顛以爲闕爲復道自阿房渡渭屬之
咸陽以象天極閣道絕漢抵營室也阿房
宮未成成欲更擇令名名之作宮阿房故
天下謂之阿房宮隱宮徒刑者七十餘萬
人乃分作阿房宮或作麗山發北山石椁

乃寫蜀荊地材皆至關中計宮三百關外
四百餘於是立石東海上朐界中以爲秦
東門因徙三萬家麗邑五萬家雲陽皆復
不事十歲盧生說始皇曰臣等求芝奇藥
仙者常弗遇類物有害之者方中人主時
爲微行以辟惡鬼惡鬼辟眞人至人主所
居而人臣知之則害於神眞人者入水不
濡入水不爇陵雲氣與天地久長今上治
天下未能恬惔願上所居宮毋令人知然

后不死之藥殆可得也於是始皇曰吾慕眞人自謂眞人不稱朕乃令咸陽之旁二百里内宮觀二百七十復道甬道相連帷帳鍾鼓美人充之各案署不移徙行所幸有言其處者罪死始皇帝幸梁山宮徐廣曰在好畤從山上見丞相車騎衆弗善也中人或告丞相丞相後損車騎始皇怒曰此中人泄吾語案問莫服當是時詔捕諸時在旁者皆殺之自是後莫知行之所在聽事群

臣受決事悉於咸陽宮侯生（說苑曰韓客侯生也）盧生相與謀曰始皇爲人天性剛戾自用起諸侯并天下意得欲從以爲自古莫及已專任獄吏獄吏得親幸博士雖七十人特備員弗用丞相諸大臣皆受成事倚辨於上上樂以刑殺爲威天下畏罪持禄莫敢盡忠上不聞過而日驕下懾伏謾欺以取容秦法不得兼方（徐廣曰一云并力）不驗輒死然候星氣者至三百人皆良士畏忌諱諛不敢端

言其過天下之事無小大皆決於上上至以衡石量書（石百二十斤）日夜有呈不中呈不得休息貪於權勢至如此未可爲求仙藥於是乃亡去始皇聞亡乃大怒曰吾前收天下書不中用者盡去之悉召文學方術士甚衆欲以興太平方士欲練以求奇藥（徐廣曰一云欲以練求）今聞韓衆去不報徐市等費以巨萬計終不得藥徒姦利相告日聞（徐廣曰一作間）盧生等吾尊賜之甚厚今乃誹謗我以

重吾不德也諸生在咸陽者吾使人廉問或為訞言以亂黔首於是使御史悉案問諸生諸生傳相告引乃自除犯禁者四百六十餘人皆阬之咸陽使天下知之以懲後益發謫徙邊徐廣曰表云徙於北河榆中耐徙三處拜爵一級始皇長子扶蘇諫曰天下初定遠方黔首未集諸生皆誦法孔子今上皆重法繩之臣恐天下不安唯上察之始皇怒使扶蘇北監蒙恬於上郡三十六年熒惑守心有墜星

下東郡至地爲石徐廣曰表云石晝隕黔首或刻其石曰始皇帝死而地分始皇聞之遣御史逐問莫服盡取石旁居人誅之因燔銷其石始皇不樂使博士爲仙眞人詩及行所游天下傳令樂人謌弦之秋使者從關東夜過華陰平舒道有人持璧遮使者曰爲吾遺滈池君服虔曰水神也張晏曰武王居鎬鎬池君則武王也武王伐商故神云始皇荒淫若紂矣今亦可伐也孟康曰長安西南有滈池因言曰今年祖龍死蘇林曰祖始也龍人君象謂始皇也服虔曰龍人之先象也言王亦人之先也應劭曰祖人之先龍君之象

使者問其故因忽不見置其璧去使者奉
璧具以聞始皇默然良久曰山鬼固不過
知一歲事也退言曰祖龍者人之先也使
御府視璧乃二十八年行渡江所沈璧也
於是始皇卜之卦得游徙吉遷北河榆中
三萬家拜爵一級三十七年十月癸丑始
皇出游左丞相斯從右丞相去疾守少子
胡亥愛慕請從上許之十一月行至雲夢
望祀虞舜於九疑山浮江下觀藉柯渡海

渚過丹陽至錢唐臨浙江晉灼曰江水至會稽山陰爲浙江音折水波惡乃西百二十里從狹中渡徐廣曰蓋在餘杭也顧夷曰餘杭者秦始皇至會稽經此立爲縣上會稽祭大禹望于南海而立石刻頌秦德其文曰皇帝休烈平一宇内德惠脩長三十有七年親巡天下周覽遠方遂登會稽宣省習俗黔首齋莊羣臣誦功本原事迹追首高明秦聖臨國始定刑名顯陳舊章初平法式審別職任以立恒常六王專倍貪戾慠猛率衆自彊

暴虐恣行負力而驕數動甲兵陰通閒使
以事合從行為辟方內飾詐謀外來侵邊
遂起禍殃義威誅之殄熄徐廣曰音息暴悖亂
賊滅亡聖德廣密六合之中被澤無疆皇
帝并宇兼聽萬事遠近畢清運理羣物考
驗事實各載其名貴賤並通善否陳前靡
有隱情飾省宣義徐廣曰省一作非有子而嫁倍死
不貞防隔內外禁止淫泆男女絜誠夫為
寄豭殺之無罪男秉義程妻為逃嫁子不

得毋咸化廉清大治濯俗天下承風蒙被
休經皆遵度軌和安敦勉莫不順令黔首
脩潔人樂同則嘉保太平後敬奉法常治
無極輿舟不傾從臣誦烈請刻此石光垂
休銘還過吴從江乘渡地理志丹陽有江乘縣並海上
北至琅邪方士徐市等入海求神藥數歲
不得費多恐譴乃詐曰蓬萊藥可得然常
爲大鮫魚所苦故不得至願請善射與俱
見則以連弩射之始皇夢與海神戰如人

狀問占夢博士曰水神不可見以大魚蛟
龍爲候今上禱祠備謹而有此惡神當除
去而善神可致乃令入海者齎捕巨魚具
而自以連弩候大魚出射之自琅邪北至
榮成山弗見至之罘見巨魚射殺一魚遂
並海西至平原津而病（徐廣曰渡河而西）始皇惡言
死羣臣莫敢言死事上病益甚乃爲璽書
賜公子扶蘇曰與喪會咸陽而葬書已封
在中車府令趙高（伏儼曰主乘輿路車）行符璽事所未

授使者七月丙寅始皇崩於沙丘平臺徐廣曰年五十沙丘去長安二千餘里趙有沙丘宮在鉅鹿武靈王之死處丞相斯爲上
崩在外恐諸公子及天下有變乃秘之不
發喪棺載轀涼車中故幸宦者參乘所至
上食百官奏事如故宦者輒從轀涼車中
可其奏事獨子胡亥趙高及所幸宦者五
六人知上死趙高故嘗教胡亥書及獄律
令法事胡亥私幸之高乃與公子胡亥丞
相斯陰謀破去始皇所封書賜公子扶蘇

者而更詐爲丞相斯受始皇遺詔沙丘立子胡亥爲太子更爲書賜公子扶蘇蒙恬數以罪其賜死語具在李斯傳中行遂從井陘徐廣曰在常山抵九原會暑上轀車臭乃詔從官令車載一石鮑魚以亂其臭行從直道至咸陽發喪太子胡亥襲位爲二世皇帝九月葬始皇酈山始皇初即位穿治酈山及并天下天下徒送詣七十餘萬人穿三泉下銅徐廣曰一作錮錮鑄塞而致椁宮觀百官奇

器珍怪徙臧滿之令匠作機弩矢有所穿
近者輒射之以水銀為百川江河大海機
相灌輸上具天文下具地理以人魚膏為
燭徐廣曰人魚似鮎四脚度不滅者久之二世曰先帝
後宮非有子者出焉不宜皆令從死死者
甚衆葬既已下或言工匠為機藏皆知之
藏重即泄大事畢已藏閉中羨下外羨門
盡閉工匠藏者無復出者樹草木以象山
皇覽曰墳高五十餘丈周迴五里餘

高祖本紀第八　史記八

高祖漢書音義曰諱邦張晏曰禮謚法無高以爲功最高而爲漢帝之太祖故特起名焉沛豐邑中陽里人姓劉氏李斐曰沛小沛也劉氏隨魏徙大梁移在豐居中陽里孟康曰後沛爲郡豐爲縣字季父曰太公母曰劉媼文穎曰幽州及漢中皆謂老嫗爲媼孟康曰長老尊稱也左師謂太后曰媼愛燕后賢長安君禮樂志地神曰媼媼母別名也音烏老反其先劉媼嘗息大澤之陂夢與神遇是時雷電晦冥太公往視則見蛟龍於其上已而有身遂產高祖高祖爲人隆準而龍顏服虔曰准音拙應劭曰隆高也准頰權准也顏額顙也齊人謂之顙汝南淮泗之間

曰顔文穎曰準鼻也美須髯左股有七十二黑子仁而
愛人喜施意豁如也〔服虔曰豁達也〕常有大度不事
家人生産作業及壯試爲吏〔應劭曰試補吏〕爲泗水
亭長廷中吏無所不狎侮好酒及色常從
王媪武負貰酒〔韋昭曰貰賒也〕醉臥武負王媪見
其上常有龍怪之高祖每酤留飲酒讎數
倍〔如淳曰讎亦售也〕及見怪歲竟此兩家常折券弃
責高祖常繇咸陽〔應劭曰徭役也〕縱觀觀秦皇帝
喟然大息曰嗟乎大丈夫當如此也單父

人呂公漢書音義曰單音善父音斧善沛令避仇從之客

因家沛焉沛中豪桀吏聞令有重客皆往

賀蕭何爲主吏孟康曰主吏功曹也主進文穎曰主賦斂禮進爲之帥令

諸大夫曰進不滿千錢坐之堂下高祖爲

亭長素易諸吏乃紿爲謁曰應劭曰紿欺也音殆賀錢

萬實不持一錢謁入呂公大驚起迎之門

呂公者好相人見高祖狀貌因重敬之引

入坐蕭何曰劉季固多大言少成事高祖

因狎侮諸客遂坐上坐無所詘酒闌文穎曰闌言希

也謂飲酒者半罷半在謂之闌
呂公因目固留高祖高祖竟酒後呂公曰臣少好相人張晏曰古人相與語多自稱臣自卑下之道若今人相與語皆自稱僕相人多矣無如季相願季自愛臣有息女願爲季箕帚妾酒罷呂媼怒呂公曰公始常欲奇此女與貴人沛令善公求之不與何自妄許與劉季呂公曰此非兒女子所知也卒與劉季呂公女乃呂后也生孝惠魯元公主服虔曰元長也食邑於魯韋昭曰元謚也高祖爲亭長時常告歸之田服虔曰告音如嘷呼之嘷李斐曰休

謁之名也吉曰告凶曰寧孟康曰古者名吏休假曰告告又音嚳漢律吏二千石有予告賜告者予告在官有功最法所當得者也賜告者病滿三月當免天子優賜復其告使得帶印紱將官屬歸家治疾也

呂后與兩子居田中耨有一老父過請飲呂后因餔之老父相呂后曰夫人天下貴人令相兩子見孝惠曰夫人所以貴者乃此男也相魯元亦皆貴老父已去高祖適從旁舍來呂后具言客有過相我子母皆大貴高祖問曰未遠乃追及問老父老父曰鄉者夫人嬰兒皆似君君相貴不

可言高祖乃謝曰誠如父言不敢忘德及高祖貴遂不知老父處高祖為亭長乃以竹皮為冠令求盜之薛治之（應劭曰以竹始生皮作冠今鵲尾冠是也求盜者舊時亭有兩卒其一為亭父掌開閉掃除一為求盜掌逐捕盜賊薛魯國縣也有作冠師故往治之）時時冠之及貴常冠所謂劉氏冠乃是也高祖以亭長為縣送徒酈山徒多道亡自度比至皆亡之到豐西澤中止飲夜乃解縱所送徒曰公等皆去吾亦從此逝矣徒中壯士願從者十餘人高祖被酒夜徑

澤中令一人行前行前者還報曰前有大蛇當徑願還高祖醉曰壯士行何畏乃前拔劒擊斬蛇蛇遂分爲兩徑開行數里醉因卧後人來至蛇所有一老嫗夜哭人問何哭嫗曰人殺吾子故哭之人曰嫗子何爲見殺嫗曰吾子白帝子也化爲蛇當道今爲赤帝子斬之應劭曰秦襄公自以居西戎主少昊之神作西畤祠白帝至獻公時櫟陽雨金以爲瑞又作畦畤祠白帝少昊金德也赤帝堯後謂漢也殺之者明漢當滅秦也秦自謂水漢初自謂土皆失之至光武乃改定故哭人乃以嫗爲不誠欲

笞之（徐廣曰一作苦）嫗因忽不見後人至高祖覺後人告高祖高祖乃心獨喜自負（應劭曰負恃也）諸從者日益畏之秦始皇帝常曰東南有天子氣於是因東游以猒之高祖即自疑亡匿隱於芒碭山澤巖石之閒（徐廣曰芒今臨睢縣也碭縣在梁騆案應劭曰二縣之界有山澤之固故隱於其閒）呂后與人俱求常得之高祖怪問之呂后曰季所居上常有雲氣故從往常得季高祖心喜沛中子弟或聞之多欲附者矣

秦二世元年（徐廣曰高祖時年四

八十秋陳勝等起蘄至陳而王號爲張楚諸郡縣皆多殺其長吏以應陳涉沛令恐欲以沛應涉掾主吏蕭何曹參乃曰君爲秦吏今欲背之率沛子弟恐不聽願君召諸亡在外者可得數百人因劫衆衆不敢不聽乃令樊噲召劉季劉季之衆已數十百人矣於是樊噲從劉季來沛令後悔恐其有變乃閉城城守欲誅蕭曹蕭曹恐踰城保劉季（韋昭曰以爲保鄣）劉季乃書帛射城上謂沛

父老曰天下苦秦久矣今父老雖爲沛令守諸侯並起今屠沛沛令共誅令擇子弟可立者立之以應諸侯則家室完不然父子俱屠無爲也父老乃率子弟共殺沛令開城門迎劉季欲以爲沛令劉季曰天下方擾諸侯並起今置將不善壹敗塗地吾非敢自愛恐能薄不能完父兄子弟此大事願更相推擇可者蕭曹等皆文吏自愛恐事不就後秦種族其家盡讓劉季諸

父老皆曰平生所聞劉季諸珍怪當貴且卜筮之莫如劉季最吉於是劉季數讓衆莫敢爲乃立季爲沛公（徐廣曰九月也駰案漢書音義曰舊楚僭稱王其縣宰爲公陳涉爲楚王沛公起應涉故從楚制稱曰公）祠黄帝祭蚩尤於沛庭（應劭曰左傳曰黄帝戰於阪泉以定天下蚩尤好五兵故祠祭之求福祥也瓚曰管仲云葛盧山交而出水金從之出蚩尤受之以作劒戟）而釁鼓（應劭曰釁祭也殺牲以血塗鼓曰釁瓚曰案禮記及大戴禮有釁廟之禮皆無祭事）旗幟皆赤由所殺蛇白帝子殺者赤帝子故上赤於是少年豪吏如蕭曹樊噲等皆爲收沛子弟二三千人攻

胡陵方與（鄭德曰音房豫屬山陽郡）還守豐　秦二世二年陳涉之將周章軍西至戲而還燕趙齊魏皆自立為王項氏起吳秦泗川監平（文穎曰泗川今沛郡也高祖更名沛秦時御史監郡若今刺史平名也）將兵圍豐二日出與戰破之命雍齒守豐引兵之薛泗川守壯（如淳曰壯名也）敗於薛走至戚（如淳曰戚音將毒反）沛公左司馬得泗川守壯殺之沛公還軍亢父（鄭德曰亢音人相亢咨父音甫屬任城郡）至方與周市來攻方與未戰（原書無□字）陳王使魏人周市略地周市使人謂

聞陳王定死因立楚後懷王孫心爲楚王治盱台項梁號武信君居數月北攻亢父救東阿破秦軍齊軍歸楚獨追北（服虔曰師敗曰北）使沛公項羽別攻城陽屠之軍濮陽之東與秦軍戰破之秦軍復振（李奇曰振整也如淳曰振起也收敗卒自振迅而復起也）守濮陽環水（文穎曰決水以自環守爲固也張晏曰依河水以自環繞作壘）楚軍去而攻定陶定陶未下沛公與項羽西略地至雍丘之下與秦軍戰大破之斬李由還攻外黃外黃未下項梁再破

秦軍有驕色宋義諫不聽秦益章邯兵夜銜枚擊項梁周禮有銜枚氏鄭玄曰銜枚止言語囂讙也枚狀如箸橫銜之繣結於項者繣音獲大破之定陶項梁死沛公與項羽方攻陳留聞項梁死引兵與呂將軍俱東呂臣軍彭城東項羽軍彭城西沛公軍碭章邯已破項梁軍則以爲楚地兵不足憂乃渡河北擊趙大破之當是之時趙歇爲王秦將王離圍之鉅鹿城此所謂河北之軍也

秦二世三年楚懷王見項梁軍破恐徙盱

台都彭城并呂臣項羽軍自將之以沛公
爲碭郡長封爲武安侯將碭郡兵封項羽
爲長安侯號爲魯公呂臣爲司徒其父呂
青爲令尹趙數請救懷王乃以宋義爲上
將軍項羽爲次將范增爲末將北救趙令
沛公西略地入關與諸將約先入定關中
者王之當是時秦兵彊常乘勝逐北諸將
莫利先入關獨項羽怨秦破項梁軍奮願
與沛公西入關懷王諸老將皆曰項羽爲

人慓悍猾賊項羽嘗攻襄城襄城無遺類徐廣曰遺一作噍噍食也音在妙反駰案如淳曰類無復有活而噍食者也青州俗言無子遺爲無噍類皆阬之諸所過無不殘滅且楚數進取如淳曰楚謂陳涉也數進取多所攻取前陳王漢書音義曰陳涉也項梁皆敗不如更遣長者扶義而西告諭秦父兄秦父兄苦其主久矣今誠得長者往毋侵暴宜可下今項羽慓悍今徐廣曰無此字不可遣獨沛公素寬大長者可遣卒不許項羽而遣沛公西略地收陳王項梁散卒乃道碭

漢書音義曰道由碭也至成陽與杠里漢書音義曰二縣名秦軍夾壁破魏二軍楚軍出兵擊王離大破之徐廣曰表云三年十月攻破東郡尉及王離軍於成武南沛公引兵西遇彭越昌邑因與俱攻秦軍戰不利還至栗遇剛武侯應劭曰楚懷王將也漢書音義曰功臣表云棘蒲剛侯陳武武一姓柴剛武侯宜爲剛侯武魏將也瓚曰功臣表柴武以將軍起薛別救東阿至霸上入漢中非懷王將也又非魏將也例未稱謚奪其軍可四千餘人并之與魏將皇欣魏申徒武蒲之軍并攻昌邑昌邑未拔西過高陽文穎曰聚邑名也屬陳留圉縣瓚曰陳留傳曰在雍丘西南酈食其鄭德曰音歷異基謂

監門曰諸將過此者多吾視沛公大人長者乃求見說沛公沛公方踞牀使兩女子洗足酈生不拜長揖曰足下必欲誅無道秦不宜踞見長者於是沛公起攝衣謝之延上坐食其說沛公襲陳留漢書音義曰春秋傳曰輕行無鍾鼓曰襲得秦積粟乃以酈食其爲廣野君酈商爲將將陳留兵與偕攻開封開封未拔西與秦將楊熊戰白馬又戰曲遇東大破之楊熊走之滎陽二世使使者斬以徇徐廣

（曰四月）南攻潁陽屠之因張良遂略韓地轘轅（文穎曰河南新鄭南至潁川南北皆韓地也以良累世相韓故因之瓚曰轘轅險道名在緱氏東南）當是時趙別將司馬卬方欲渡河入關沛公乃北攻平陰（地理志河南有平陰縣今河陰是也）絕河津南戰雒陽東軍不利還至陽城收軍中馬騎與南陽守齮戰犨東（地理志南陽有犨縣）破之略南陽郡南陽守齮走保城守宛沛公引兵過而西張良諫曰沛公雖欲急入關秦兵尚衆距險今不下宛宛從後擊彊秦在前此危道也

於是沛公乃夜引兵從他道還更旗幟黎明圍宛城三匝南陽守欲自剄其舍人陳恢曰死未晚也乃踰城見沛公曰臣聞足下約先入咸陽者王之今足下留守宛宛大郡之都也連城數十人民衆積蓄多吏人自以爲降必死故皆堅守乘城今足下盡日止攻士死傷者必多引兵去宛宛必隨足下後足下前則失咸陽之約後又有彊宛之患爲足下計莫若約降封其守因使

止守引其甲卒與之西諸城未下者聞聲
爭開門而待足下通行無所累沛公曰善
徐廣曰七月也乃以宛守爲殷侯封陳恢千戶引兵
西無不下者至丹水高武侯鰓蘇林曰鰓音魚鰓之鰓晉
灼曰功臣表戚鰓也襄侯王陵降西陵韋昭曰漢封王陵爲安國侯初起兵時在
南陽南陽有穰縣疑襄當爲穰而無禾字省耳今邵公或作召字此類多矣瓚曰時韓成封穰侯江夏有
襄是所封還攻胡陽一云陵遇番君別將梅鋗與皆
降析酈如淳曰持益反遣魏人甯昌使秦使者未來
是時章邯已以軍降項羽於趙矣初項羽

與宋義北救趙及項羽殺宋義代爲上將軍諸將黥布皆屬破秦將王離軍降章邯諸侯皆附及趙高已殺二世使人來欲約分王關中沛公以爲詐乃用張良計使酈生陸賈往說秦將啗以利因襲攻武關破之又與秦軍戰於藍田南益張疑兵旗幟諸所過毋得掠鹵應劭曰鹵與虜同秦人憙秦軍解因大破之又戰其北大破之乘勝遂破之漢元年十月如淳曰張蒼傳云以高祖十月至霸上故因秦以十月爲歲首沛公

兵遂先諸侯至霸上秦王子嬰素車白馬係頸以組封皇帝璽符節降軹道旁諸將或言誅秦王沛公曰始懷王遣我固以能寬容且人已服降又殺之不祥乃以秦王屬吏遂西入咸陽欲止宮休舍樊噲張良諫乃封秦重寶財物府庫還軍霸上召諸縣父老豪桀曰父老苦秦苛法久矣誹謗者族偶語者弃市應劭曰秦禁民聚語偶對也瓚曰始皇本紀曰偶語經書者弃市吾與諸侯約先入關者王之吾當王

關中與父老約法三章耳殺人者死傷人及盜抵罪應劭曰抵至也又當也除秦酷政但至於罪也李斐曰傷人有曲直盜贓有多少罪名不可豫定故凡言抵罪未知抵何罪也張晏曰秦法一人犯罪舉家及鄰伍坐之今但當其身坐合於康誥父子兄弟罪不相及也餘悉除去秦法諸吏人皆案堵如故應劭曰案次第堵牆堵也凡吾所以來為父老除害非有所侵暴無恐且吾所以還軍霸上待諸侯至而定約束耳乃使人與秦吏行縣鄉邑告諭之秦人大喜爭持牛羊酒食獻饗軍士沛公又讓不受曰倉粟多非

之不欲費人人又益喜唯恐沛公不爲秦
王或說沛公曰秦富十倍天下地形彊今
聞章邯降項羽項羽乃號爲雍王王關中
今則來沛公恐不得有此可急使兵守函
谷關無內諸侯軍稍徵關中兵以自益距
之沛公然其計從之十一月中項羽果率
諸侯兵西欲入關關門閉聞沛公已定關
中大怒使黥布等攻破函谷關十二月中
遂至戲沛公左司馬曹無傷聞項王怒欲

攻沛公使人言項羽曰沛公欲王關中令子嬰爲相珍寶盡有之欲以求封亞父勸項羽擊沛公方饗士旦日合戰是時項羽兵四十萬號百萬沛公兵十萬號二十萬力不敵會項伯欲活張良夜往見良因以文諭項羽項羽乃止沛公從百餘騎驅之鴻門見謝項羽項羽曰此沛公左司馬曹無傷言之不然籍何以生此沛公以樊噲張良故得解歸歸立誅曹無傷項羽遂西

屠燒咸陽秦宮室所過無不殘破秦人大失望然恐不敢不服耳項羽使人還報懷王懷王曰如約項羽怨懷王不肯令與沛公俱西入關而北救趙後天下約乃曰懷王者吾家項梁所立耳非有功伐何以得主約本定天下諸將及籍也乃佯尊懷王爲義帝實不用其命正月項羽自立爲西楚霸王王梁楚地九郡都彭城負約更立沛公爲漢王王巴蜀漢中徐廣曰三十一縣都南鄭

三分關中立秦三將章邯爲雍王都廢丘
司馬欣爲塞王都櫟陽董翳爲翟王都高
奴楚將瑕丘申陽爲河南王都洛陽趙
將司馬卬爲殷王都朝歌趙王歇徙王代
趙相張耳爲常山王都襄國當陽君黥布
爲九江王都六懷王柱國共敖爲臨江王
都江陵番君吳芮爲衡山王都邾燕將臧
荼爲燕王都薊故燕王韓廣徙王遼東廣
不聽臧荼攻殺之無終封成安君陳餘河

間三縣居南皮封梅鋗十萬戶四月兵罷
戲下諸侯各就國漢王之國項王使卒三
萬人從楚與諸侯之慕從者數萬人從杜
南入蝕中（李奇曰蝕音力在杜南如淳曰蝕入漢中道川谷名）去輒燒絕
棧道以備諸侯盜兵襲之亦示項羽無東
意至南鄭諸將及士卒多道亡歸士卒皆
歌思東歸韓信說漢王曰（徐廣曰韓王信非淮陰侯信也）項羽
王諸將之有功者而王獨居南鄭是遷也
（韋昭曰若有罪見遷徙）軍吏士卒皆山東之人也日夜

跂而望歸及其鋒而用之可以有大功天下已定人皆自寧不可復用不如決策東鄉爭權天下項羽出關使人徙義帝曰古之帝者地方千里必居上游乃使使徙義帝長沙郴縣趣義帝行羣臣稍倍叛之乃陰令衡山王臨江王擊之殺義帝江南項羽怨田榮立齊將田都爲齊王田榮怒因自立爲齊王殺田都而反楚予彭越將軍印令反梁地楚令蕭公角擊彭越彭越大

破之陳餘怨項羽之弗王己也令夏説説田榮請兵擊張耳齊予陳餘兵擊破常山王張耳張耳亡歸漢迎趙王歇於代復立爲趙王趙王因立陳餘爲代王項羽大怒北擊齊八月漢王用韓信之計從故道地理志武都有故道縣還襲雍王章邯邯迎擊漢陳倉雍兵敗還走止戰好畤孟康曰畤音止神靈之所在也縣名屬右扶風又復敗走廢丘漢王遂定雍地東至咸陽引兵圍雍王廢丘而遣諸將略定隴西北

地上郡令將軍薛歐（音惡后反）王吸出武關因王陵兵南陽（如淳曰王陵亦聚黨數千人居南陽）以迎太公呂后於沛楚聞之發兵距之陽夏不得前令故吳令鄭昌爲韓王距漢兵　二年漢王東略地塞王欣翟王翳河南王申陽皆降韓王昌不聽使韓信擊破之於是置隴西北地上郡渭南（徐廣曰後曰京兆）河上（徐廣曰馮翊）中地郡（徐廣曰扶風）關外置河南郡（徐廣曰十月漢王至陝）更立韓太尉信爲韓王諸將以萬人若以一郡

降者封萬戶繕治河上塞晉灼曰朝錯傳秦時北攻胡築河上塞諸故秦苑囿園池皆令人得田之正月虜雍王弟章平大赦罪人漢王之出關至陝撫關外父老還張耳來見漢王厚遇之二月令除秦社稷更立漢社稷三月漢王從臨晉渡魏王豹將兵從下河內虜殷王置河內郡南渡平陰津至雒陽新城三老董公遮說漢王以義帝死故漢王聞之袒而大哭如淳曰袒亦如禮袒踊遂為義帝發喪臨三日發

使者告諸侯曰天下共立義帝北面事之今項羽放殺義帝於江南大逆無道寡人親爲發喪諸侯皆縞素悉發關內兵收三河士韋昭曰河南河東河內南浮江漢以下願從諸侯王擊楚之殺義帝者是時項王北擊齊田榮與戰城陽田榮敗走平原平原民殺之齊皆降楚楚因焚燒其城郭係虜其子女齊人叛之田榮弟橫立榮子廣爲齊王齊王反楚城陽項羽雖聞漢東既已連齊

兵欲遂破之而擊漢漢王以故得劫五諸
侯兵遂入彭城項羽聞之乃引兵去齊從
魯出胡陵至蕭與漢大戰彭城靈壁東睢
水上大破漢軍多殺士卒睢水爲之不流
乃取漢王父母妻子於沛置之軍中以爲
質當是時諸侯見楚彊漢敗還皆去漢復
爲楚塞王欣亡入楚呂后兄周呂侯爲漢
將兵居下邑徐廣曰在梁漢王從之稍收士卒軍
碭漢王乃西過梁地至虞徐廣曰在梁使謁者隨

何之九江王布所曰公能令布舉兵叛楚項羽必留擊之得留數月吾取天下必矣隨何往說九江王布布果背楚楚使龍且往擊之漢王之敗彭城而西行使人求家室家室亦亡不相得敗後乃獨得孝惠六月立爲太子大赦罪人令太子守櫟陽諸侯子在關中者皆集櫟陽爲衛引水灌廢丘廢丘降章邯自殺更名廢丘爲槐里於是令祠官祀天地四方上帝山川以時祀

之興關內卒乘塞（李奇曰乘守也）是時九江王布與龍且戰不勝與隨何閒行歸漢漢王稍收士卒與諸將及關中卒益出是以兵大振滎陽破楚京索閒　三年魏王豹謁歸視親疾至即絕河津反爲楚漢王使酈生說豹豹不聽漢王遣將軍韓信擊大破之虜豹遂定魏地置三郡曰河東太原上黨漢王乃令張耳與韓信遂東下井陘擊趙斬陳餘趙王歇其明年立張耳爲趙王

漢王軍滎陽南築甬道屬之河以取敖倉
與項羽相距歲餘項羽數侵奪漢甬道漢
軍乏食遂圍漢王漢王請和割滎陽以西
者爲漢項王不聽漢王患之乃用陳平之
計予陳平金四萬斤以閒踈楚君臣於是
項羽乃疑亞父亞父是時勸項羽遂下滎
陽及其見疑乃怒辭老願賜骸骨歸卒伍
未至彭城而死漢軍絕食乃夜出女子東
門二千餘人被甲楚因四面擊之將軍紀

信乃乘王駕詐爲漢王誑楚楚皆呼萬歲之城東觀以故漢王得與數十騎出西門遁令御史大夫周苛魏豹樅公守滎陽諸將卒不能從者盡在城中周苛樅公相謂曰反國之王難與守城因殺魏豹（徐廣曰案月表三年七月王出滎陽八月殺魏豹而文云四年三月周苛死四月魏豹死二者不同項羽殺紀信周苛樅公皆是三年中）漢王之出滎陽入關收兵欲復東袁生說漢王曰漢與楚相距滎陽數歲漢常困願君王出武關項羽必引兵南走王深

壁令滎陽成皐閒且得休使韓信等輯河
北趙地連燕齊君王乃復走滎陽未晚也
如此則楚所備者多力分漢得休復與之
戰破楚必矣漢王從其計出軍宛葉閒與
黥布行收兵項羽聞漢王在宛果引兵南
漢王堅壁不與戰是時彭越渡睢水與項
聲薛公戰下邳彭越大破楚軍項羽乃引
兵東擊彭越漢王亦引兵北軍成皐項羽
已破走彭越聞漢王復軍成皐乃復引兵

西拔滎陽誅周苛樅公而虜韓王信遂圍
成皐漢王跳徐廣曰音逃獨與滕公共車出成皐
玉門徐廣曰項羽紀云北門名玉門北渡河馳宿脩武自稱使
者晨馳入張耳韓信壁而奪之軍乃使張
耳北益收兵趙地使韓信東擊齊漢王得
韓信軍則復振引兵臨河南饗軍小脩武
南晉灼曰在大脩武城東欲復戰郎中鄭忠乃說止漢
王使高壘深塹勿與戰漢王聽其計使盧
綰蘇林曰綰音以繩綰結物之綰劉賈將卒二萬人騎數百

渡白馬津入楚地與彭越復擊破楚軍燕郭西遂復下梁地十餘城淮陰已受命東未渡平原漢王使酈生往說齊王田廣廣叛楚與漢和共擊項羽韓信用蒯通計遂襲破齊齊王烹酈生東走高密項羽聞韓信已舉河北兵破齊趙且欲擊楚則使龍且周蘭（徐廣曰一作簡）往擊之韓信與戰騎將灌嬰擊大破楚軍殺龍且齊王廣犇彭越當此時彭越將兵居梁地往來苦楚兵絕其

糧食　四年項羽乃謂海春侯大司馬曹咎曰謹守成皐若漢挑戰愼勿與戰無令得東而已我十五日必定梁地復從將軍乃行擊陳留外黃睢陽下之漢果數挑楚軍楚軍不出使人辱之五六日大司馬怒渡兵汜水士卒半渡漢擊之大破楚軍盡得楚國金玉貨賂大司馬咎長史欣皆自剄汜水上項羽至睢陽聞海春侯破乃引兵還漢軍方圍鍾離眛於滎陽東項羽

至盡走險阻韓信已破齊使人言曰齊邊楚文穎曰邊近也權輕不爲假王恐不能安齊漢王欲攻之留侯曰不如因而立之使自爲守乃遣張良操印綬立韓信爲齊王徐廣曰三月項羽聞龍且軍破則恐使盱台人武涉往說韓信韓信不聽楚漢久相持未決丁壯苦軍旅老弱罷轉饟漢王項羽相與臨廣武之閒而語項羽欲與漢王獨身挑戰漢王數項羽曰始與項羽俱受命懷王曰

先入定關中者王之項羽負約王我於蜀漢罪一項羽矯殺卿子冠軍而自尊罪二徐廣曰卿一作慶項羽已救趙當還報而擅劫諸侯兵入關罪三懷王約入秦無暴掠項羽燒秦宮室掘始皇帝冢私收其財物罪四又彊殺秦降王子嬰罪五詐阬秦子弟新安二十萬王其將罪六項羽皆王諸將善地而徙逐故主令臣下爭叛逆罪七項羽出逐義帝彭城自都之奪韓王地幷王梁楚

多自予罪八項羽使人陰弒義帝江南罪
九夫爲人臣而弒其主殺已降爲政不平
主約不信天下所不容大逆無道罪十也
吾以義兵從諸侯誅殘賊使刑餘罪人擊
殺項羽何苦乃與公挑戰項羽大怒伏弩
射中漢王漢王傷匈乃捫足曰虜中吾指
漢王病創臥張良彊請漢王起行勞軍以
安士卒毋令楚乘勝於漢漢王出行軍病
甚因馳入成皐病愈西入關至櫟陽存問

父老置酒梟故塞王欣頭櫟陽市留四日復如軍軍廣武關中兵益出當此時彭越將兵居梁地往來苦楚兵絕其糧食田橫往從之項羽數擊彭越等齊王信又進擊楚項羽恐乃與漢王約中分天下割鴻溝而西者爲漢鴻溝而東者爲楚項王歸漢王父母妻子軍中皆呼萬歲乃歸而別去項羽解而東歸漢王欲引而西歸用留侯陳平計乃進兵追項羽至陽夏南止軍與

齊王信建成侯彭越期會而擊楚軍至固陵不會楚擊漢軍大破之漢王復入壁深塹而守之用張良計於是韓信彭越皆往及劉賈入楚地圍壽春漢王敗固陵晉灼曰即固始乃使使者召大司馬周殷舉九江兵而迎之徐廣曰周殷以兵隨劉賈武王行屠城父隨何劉賈齊梁諸侯皆大會垓下徐廣曰七月立武王布為淮南王　五年高祖與諸侯兵共擊楚軍與項羽決勝垓下淮陰侯將三十萬自

當之孔將軍居左費將軍居右皇帝在後
絳侯柴將軍在皇帝後項羽之卒可十萬
淮陰先合不利却孔將軍費將軍縱楚兵
不利淮陰侯復乘之大敗垓下項羽卒聞
漢軍之楚歌以爲漢盡得楚地項羽乃敗
而走是以兵大敗使騎將灌嬰追殺項羽
東城徐廣曰十二月斬首八萬遂略定楚地魯爲
楚堅守不下漢王引諸侯兵北示魯父老
項羽頭魯乃降遂以魯公號葬項羽穀城

還至定陶馳入齊王壁奪其軍正月諸侯及將相相與共請尊漢王爲皇帝漢王曰吾聞帝賢者有也空言虛語非所守也吾不敢當帝位羣臣皆曰大王起微細誅暴逆平定四海有功者輒裂地而封爲王侯大王不尊號皆疑不信臣無以死守之漢王三讓不得已曰諸君必以爲便便國家甲午（徐廣曰二月甲午）乃即皇帝位氾水之陽（蔡邕曰上古天子稱皇其次稱帝其次稱王秦承三王之末爲漢驅除自以德兼三皇五帝故并以爲號漢高祖受命功

（德宜之因而不改）皇帝曰義帝無後齊王韓信習楚風俗徙爲楚王都下邳立建成侯彭越爲梁王都定陶故韓王信爲韓王都陽翟徙衡山王吳芮爲長沙王都臨湘番君之將梅鋗有功從入武關故德番君淮南王布燕王臧荼趙王敖皆如故天下大定高祖都雒陽諸侯皆臣屬故臨江王驩（徐廣曰一作尉）爲項羽叛漢令盧綰劉賈圍之不下數月而降殺之雒陽五月兵皆罷歸家諸侯子在

關中者復之十二歲其歸者復之六歲食之一歲高祖置酒雒陽南宮高祖曰列侯諸將無敢隱朕皆言其情吾所以有天下者何項氏之所以失天下者何高起王陵對曰孟康曰姓高名起瓚曰漢帝年紀高帝時有信平侯臣陵都武侯臣起魏相丙吉奏事高帝時奏事有將軍臣陵臣起陛下慢而侮人項羽仁而愛人然陛下使人攻城略地所降下者因以予之與天下同利也項羽妒賢嫉能有功者害之賢者疑之戰勝而不予人功得地

而不予人利此所以失天下也高祖曰公
知其一未知其二夫運籌策帷帳之中決
勝於千里之外吾不如子房鎮國家撫百
姓給餽饟不絕糧道吾不如蕭何連百萬
之軍戰必勝攻必取吾不如韓信此三者
皆人傑也吾能用之此吾所以取天下也
項羽有一范增而不能用此其所以爲我
擒也高祖欲長都雒陽齊人劉敬說及留
侯勸上入都關中高祖是日駕入都關中

六月大赦天下十月燕王臧荼反攻下代地高祖自將擊之得燕王臧荼即立太尉盧綰爲燕王使丞相噲將兵攻代其秋利幾反高祖自將兵擊之利幾走利幾者項氏之將項氏敗利幾爲陳公不隨項羽亡降高祖高祖侯之潁川高祖至雒陽舉通侯籍召之如淳曰得在通侯之籍而利幾恐故反

六年高祖五日一朝太公如家人父子禮太公家令說太公曰天無二日土無二王

令高祖雖子人主也太公雖父人臣也柰何令人主拜人臣如此則威重不行後高祖朝太公擁篲李奇曰爲恭也如今卒持帚者也迎門却行高祖大驚下扶太公太公曰帝人主也柰何以我亂天下法於是高祖乃尊太公爲太上皇蔡邕曰不言帝非天子也心善家令言賜金五百斤十二月人有上變事告楚王信謀反上問左右左右爭欲擊之用陳平計乃僞游雲夢韋昭曰在南郡華容縣會諸侯於陳楚王信迎即因

執之是日大赦天下田肯賀因說高祖曰甚善陛下得韓信又治秦中如淳曰時山東人謂關中爲秦中秦形勝之國張晏曰秦地帶山河得形勢之勝便者帶河山之險縣隔千里持戟百萬秦得百二焉應劭曰山河之險與諸侯相懸隔地絕千里所以能禽諸侯者得天下之利百二也李斐曰河山之險內地勢高順流而下易故天下於秦懸隔千里持戟百萬秦得百二焉蘇林曰得百中之二焉秦地險固二萬人足當諸侯百萬人也地勢便利其以下兵於諸侯譬猶居高屋之上建瓴水也如淳曰瓴盛水瓶也居高屋之上而幡瓴水言其向下之勢易也建音蹇晉灼曰許慎曰瓴甕似瓶者夫齊東有琅邪即墨之

饒南有太山之固西有濁河之限晉灼曰齊西有平原河水東北過高唐高唐即平原也孟津號黃河故曰濁河北有勃海之利地方二千里持戟百萬縣隔千里之外齊得十二焉應劭曰齊得十之二故齊愍王稱東帝後復歸之卒爲秦所滅者利鈍之勢異也李斐曰齊有山河之限地方二千里是爲天下懸隔也設有持戟百萬之衆齊得十中之二焉百萬十分之二亦二十萬也但文相避耳故言東西秦其勢亦敵也蘇林曰十二得十中之二二十萬人當百萬言齊雖固不如秦二萬乃當百萬故此東西秦也非親子弟莫可使王齊矣高祖曰善賜黃金五百斤後十餘日封韓信爲淮陰侯分其地爲二國高

祖曰將軍劉賈數有功以爲荊王王淮東弟交爲楚王王淮西子肥爲齊王王七十餘城民能齊言者皆屬齊（漢書音義曰此言時民流移故使齊言者還齊也）乃論功與諸列侯剖符行封徙韓王信太原　七年匈奴攻韓王信馬邑信因與同謀反太原白土（徐廣曰在上郡）曼丘臣王黃立故趙將趙利爲王以反高祖自往擊之會天寒士卒墮指者什二三遂至平城匈奴圍我平城七日而後罷去令樊噲止

定代地立兄劉仲爲代王二月高祖自平城過趙雒陽至長安長樂宮成丞相已下徙治長安　八年高祖東擊韓王信餘反寇於東垣（地理志云東垣高帝更名曰眞定）蕭丞相營作未央宮立東闕北闕（關中記曰東有蒼龍闕北有玄武闕玄武所謂北闕）前殿武庫太倉高祖還見宮闕壯甚怒謂蕭何曰天下匈匈苦戰數歲成敗未可知是何治宮室過度也蕭何曰天下方未定故可因遂就宮室且夫天子以四海爲家非壯麗

無以重威且無令後世有以加也高祖乃說高祖之東垣過柏人趙相貫高等謀弑高祖高祖心動因不留代王劉仲弃國亡自歸雒陽廢以爲合陽侯　九年趙相貫高等事發覺夷三族廢趙王敖爲宣平侯是歲徙貴族楚昭屈景懷齊田氏關中未央宮成高祖大朝諸侯羣臣置酒未央前殿高祖奉玉巵（應劭曰鄉飲酒禮器也受四升）起爲太上皇壽曰始大人常以臣无賴（晉灼曰許慎曰賴利也無利入於家）

也或曰江湖之閒謂小兒多詐狡獪為無賴不能治產業不如仲力今某之業所就孰與仲多殿上羣臣皆呼萬歲大笑為樂　十年十月淮南王黥布梁王彭越燕王盧綰荊王劉賈楚王劉交齊王劉肥長沙王吳芮皆來朝長樂宮春夏無事七月太上皇崩櫟陽宮楚王梁王皆來送葬漢書云葬萬年赦櫟陽囚更命酈邑曰新豐八月趙相國陳豨鄧展曰東海人名豬曰豨反代地上曰豨嘗為吾使甚有信代地吾所急也

故封豨爲列侯徐廣曰豨攻定臧荼有功封陽夏侯 以相國守代今乃與王黃等劫掠代地代地吏民非有罪也其赦代吏民九月上自東往擊之至邯鄲上喜曰豨不南據邯鄲而阻漳水吾知其無能爲也聞豨將皆故賈人也上曰吾知所以與之乃多以金啗豨將豨將多降者 十一年高祖在邯鄲誅豨等未畢豨將侯敞將萬餘人游行王黃軍曲逆文穎曰今中山蒲陰是 張春渡河擊聊城徐廣曰在平原 漢

使將軍鄧蒙與齊將擊大破之太尉周勃漢書百官表曰太尉秦官應劭曰自上安下曰尉武官悉以爲稱道太原入韋昭曰道猶從定代地至馬邑馬邑不下即攻殘之豨將趙利守東垣高祖攻之不下月餘卒罵高祖高祖怒城降令出罵者斬之不罵者原之於是乃分趙山北立子恒以爲代王都晉陽如淳曰文紀言都中都又文帝過太原復晉陽中都二歲似遷都於中都也春淮陰侯韓信謀反關中夷三族夏梁王彭越謀反廢遷蜀復欲反遂夷三族立子恢爲梁

王子友爲淮陽王秋七月淮南王黥布反東幷荆王劉賈地北渡淮楚王交走入薛高祖自往擊之立子長爲淮南王

十二年十月高祖已擊布軍會甀徐廣曰在蘄縣西駰案漢書音義曰會音儈保邑名甀音直僞反布走令別將追之高祖還歸過沛留置酒沛宮悉召故人父老子弟縱酒發沛中兒得百二十人敎之歌酒酣應劭曰不醒不醉曰酣一曰酣洽也高祖擊筑韋昭曰筑古樂有弦擊之不鼓自爲歌詩曰大風起兮雲飛揚威加海內兮歸

故鄉安得猛士兮守四方令兒皆和習之高祖乃起舞慷慨傷懷泣數行下謂沛父兄曰游子悲故鄉吾雖都關中萬歲後吾魂魄猶樂思沛且朕自沛公以誅暴逆遂有天下其以沛（風俗通義曰漢舊注沛人語初發聲皆言其其者楚言也高祖始登帝位教令言其後以爲常耳）爲朕湯沐邑復其民世世無有所與沛父兄諸母故人日樂飲極驩道舊故爲笑樂十餘日高祖欲去沛父兄固請留高祖高祖曰吾人衆多父兄不能給

乃去沛中空縣皆之邑西獻如淳曰獻牛酒高祖復

留止張張晏曰張帷帳飲三日沛父兄皆頓首曰沛

幸得復豐未復唯陛下哀憐之高祖曰豐

吾所生長極不忘耳吾特爲其以雍齒故

反我爲魏沛父兄固請乃并復豐比沛於

是拜沛侯劉濞服虔曰濞音帔爲吳王漢將别擊

布軍洮水南北徐廣曰洮音道在江淮閒皆大破之追得

斬布鄱陽樊噲别將兵定代斬陳豨當城

十一月高祖自布軍至長安十二月高祖

曰秦始皇帝楚隱王陳涉魏安釐王齊湣
王趙悼襄王皆絕無後予守冢各十家秦
皇帝二十家魏公子無忌五家赦代地吏
民爲陳豨趙利所刼掠者皆赦之陳豨降
將言豨反時燕王盧綰使人之豨所與陰
謀上使辟陽侯迎綰綰稱病辟陽侯歸具
言綰反有端矣二月使樊噲周勃將兵擊
燕王綰赦燕吏民與反者立皇子建爲燕
王高祖擊布時爲流矢所中行道病病甚

呂后迎良醫醫入見高祖問醫醫曰病可
治於是高祖嫚罵之曰吾以布衣提三尺
劒取天下此非天命乎命乃在天雖扁鵲
何益遂不使治病賜金五十斤罷之已而
呂后問曰陛下百歲後蕭相國即死令誰
代之上曰曹參可問其次上曰王陵可然
陵少戇陳平可以助之陳平智有餘然難
以獨任周勃重厚少文然安劉氏者必勃
也可令爲太尉呂后復問其次上曰此後

亦非而所知也盧綰與數千騎居塞下候
伺幸上病愈自入謝四月甲辰高祖崩長
樂宮皇甫謐曰高祖以秦昭王五十一年生至漢十二年年六十二四日不發喪
呂后與審食其謀曰諸將與帝爲編戶民
今北面爲臣此常怏怏今乃事少主非盡
族是天下不安人或聞之語酈將軍酈將
軍漢書曰酈商往見審食其曰吾聞帝已崩四
日不發喪欲誅諸將誠如此天下危矣陳
平灌嬰將十萬守滎陽樊噲周勃將二十

萬定燕代此聞帝崩諸將皆誅必連兵還鄉以攻關中大臣內叛諸侯外反亡可翹足而待也審食其入言之乃以丁未發喪大赦天下盧綰聞高祖崩遂亡入匈奴丙寅葬徐廣曰五月己巳立太子至太上皇廟羣臣皆曰高祖起微細撥亂世反之正平定天下爲漢太祖功最高上尊號爲高皇帝太子襲號爲皇帝孝惠帝也令郡國諸侯各立高祖廟以歲時祠及孝惠五年思高

祖之悲樂沛以沛宮爲高祖原廟〔徐廣曰光武紀曰上幸豐祠高祖於原廟駰案謂原者再也先旣已立廟今又再立故謂之原廟〕高祖所敎歌兒百二十人皆令爲吹樂後有缺輒補之高帝八男長庶齊悼惠王肥次孝惠呂后子次戚夫人子趙隱王如意次代王恒已立爲孝文帝薄太后子次梁王恢呂太后時徙爲趙共王次淮陽王友呂太后時徙爲趙幽王次淮南厲王長次燕王建

太史公曰夏之政忠忠之敝小人以野〔鄭玄曰忠

質厚也野少禮節也故殷人承之以敬敬之敝小人以鬼

鄭玄曰多威儀如事鬼神故周人承之以文文之敝小人以

僿徐廣曰一作薄駰案史記音隱曰僿音西志反鄭玄曰文尊卑之差也薄苟習文法無悃誠也故

救僿莫若以忠鄭玄曰復反始三王之道若循環終

而復始周秦之閒可謂文敝矣秦政不改

反酷刑法豈不繆乎故漢興承敝易變使

人不倦得天統矣朝以十月車服黃屋左

纛葬長陵皇甫謐曰長陵山東西廣百二十步高十三丈在渭水北去長安城三十五里

高祖本紀卷第八

呂后本紀第九　史記九

呂太后者徐廣曰呂后父呂公漢元年爲臨泗侯四年卒高后元年追謚曰呂宣王高祖微時妃也漢書音義曰諱雉生孝惠帝漢書音義曰諱盈女魯元太后及高祖爲漢王得定陶戚姬如淳曰姬音怡衆妾之總稱也漢官曰姬妾數百蘇林曰清河國有妃里而題門作姬瓚曰漢秩祿令及茂陵書姬內官也秩比二千石位次倢伃下在七子八子之上愛幸生趙隱王如意孝惠爲人仁弱高祖以爲不類我常欲廢太子立戚姬子如意如意類我戚姬幸常從上之關東日夜啼泣欲立其子代太子

呂后年長常留守希見上益疏如意立爲趙王後幾代太子者數矣賴大臣爭之及留侯策太子得毋廢呂后爲人剛毅佐高祖定天下所誅大臣多呂后力呂后兄二人皆爲將長兄周呂侯（徐廣曰名澤高祖八年卒謚令武侯追謚曰悼武王）死事封其子呂台爲酈侯（徐廣曰酈一作鄜）子產爲交侯（徐廣曰台弟也）次兄呂釋之爲建成侯（徐廣曰惠帝二年卒謚康王）高祖十二年四月甲辰崩長樂宮太子（原書闕葉爲[illegible]葉）襲號爲帝是時高祖八子長男肥孝

陽王友爲趙王夏詔賜酈侯父追謚爲令武侯太后遂斷戚夫人手足去眼煇耳飲瘖藥使居廁中命曰人彘居數日迺召孝惠帝觀人彘孝惠見問迺知其戚夫人迺大哭因病歲餘不能起使人請太后曰此非人所爲臣爲太后子終不能治天下孝惠以此日飲爲淫樂不聽政故有病也二年楚元王齊悼惠王皆來朝十月孝惠與齊王燕飲太后前孝惠以爲齊王兄置上

坐如家人之禮太后怒迺令酌兩巵酖置前令齊王起爲壽齊王起孝惠亦起取巵欲俱爲壽太后迺恐自起泛孝惠巵齊王怪之因不敢飲詳醉去問知其酖齊王恐自以爲不得脫長安憂齊內史士徐廣曰一作出說王曰太后獨有孝惠與魯元公主如淳曰公羊傳曰天子嫁女於諸侯必使諸侯同姓者主之故謂之公主百官表列侯所食曰國皇后公主所食曰邑諸侯王女曰翁主蘇林曰公五等尊爵也春秋聽臣子以稱君父婦人稱主有主孟啗我之比故云公主瓚曰天子之女雖食湯沐之邑不君其民今王有七十餘城而公主迺

食數城王誠以一郡上太后爲公主湯沐邑太后必喜王必無憂於是齊王迺上城陽之郡尊公主爲王太后如淳曰張敖子偃爲魯王故公主得爲太后呂后喜許之迺置酒齊邸樂飲罷歸齊王三年方築長安城四年就半五年六年城就諸侯來會十月朝賀七年秋八月戊寅孝惠帝崩皇甫謐曰帝以秦始皇三十七年生崩時年二十三發喪太后哭泣不下留侯子張辟彊爲侍中應劭曰入侍天子故曰侍中年十五謂丞相曰太后獨有孝惠今

崩哭不悲君知其解乎丞相曰何解辟彊
曰帝毋壯子太后畏君等君今請拜呂台
呂産呂祿爲將將兵居南北軍及諸呂皆
入宮居中用事如此則太后心安君等幸
得脫禍矣丞相迺如辟彊計太后說其哭
迺哀呂氏權由此起迺大赦天下九月辛
丑葬漢書云葬安陵皇覽曰山高三十二丈廣袤百二十步居地六十畝皇甫謐曰去長陵十
里去長安北三十五里太子即位爲帝謁高廟元年號
令一出太后太后稱制議欲立諸呂爲王

問右丞相王陵王陵曰高帝刑白馬盟曰
非劉氏而王天下共擊之今王呂氏非約也
太后不說問左丞相陳平絳侯周勃勃等對
曰高帝定天下王子弟今太后稱制王昆弟
諸呂無所不可太后喜罷朝王陵讓陳平絳
侯曰始與高帝啑血盟諸君不在邪今高帝
崩太后女主欲王呂氏諸君從欲阿意背約
何面目見高帝地下陳平絳侯曰於今面折
廷爭臣不如君夫全社稷定劉氏之後君

亦不如臣王陵無以應之十一月太后欲廢王陵乃拜爲帝太傅應劭曰古官傅者覆也瓚曰大戴禮曰傅之德義奪之相權王陵遂病免歸迺以左丞相平爲右丞相以辟陽侯審食其爲左丞相左丞相不治事令監宮中如郎中令食其故得幸太后常用事公卿皆因而決事迺追尊酈侯父爲悼武王欲以王諸呂爲漸四月太后欲侯諸呂迺先封高祖之功臣郎中令無擇徐廣曰姓馮爲博城侯魯元公主

薨賜謚爲魯元太后子偃爲魯王魯王父宣平侯張敖也封齊悼惠王子章爲朱虛侯以呂祿女妻之齊丞相壽爲平定侯徐廣曰姓齊少府延爲梧侯徐廣曰姓陽成也延以軍匠起作宮築城也乃封呂種爲沛侯徐廣曰釋之之子也呂平爲扶柳侯徐廣曰呂后姊子也母字長姁張買爲南宮侯徐廣曰其父越人爲高祖騎將太后欲王呂氏先立孝惠後宮子強爲淮陽王韋昭曰今陳留郡子不疑爲常山王子山爲襄成侯子朝爲軹侯子武爲壺關侯太后風大臣大

臣請立酈侯呂台爲呂王太后許之建成康侯釋之卒嗣子有罪廢立其弟呂祿徐廣曰釋之少子爲胡陵侯續康侯後二年常山王薨以其弟襄成侯山爲常山王更名義十一月呂王台薨謚爲肅王太子嘉代立爲王三年無事漢書云秋星晝見四年封呂須爲臨光侯呂他爲俞侯呂更始爲贅其侯徐廣曰表云呂后弟子淮陽丞相呂勝爲贅其侯呂忿爲呂成侯及諸侯丞相五人徐廣曰中邑侯朱通山都侯王恬開松茲侯徐厲滕侯呂更始醴陵侯越宣平侯女爲

孝惠皇后時無子詳爲有身取美人子名
之殺其母立所名子爲太子孝惠崩太子
立爲帝帝壯或聞其母死非眞皇后子迺
出言曰后安能殺吾母而名我我未壯壯
即爲變太后聞而患之恐其爲亂迺幽之
永巷中言帝病甚左右莫得見太后曰凡
有天下治爲萬民命（徐廣曰一無此字）者蓋之如天
容之如地上有懽心以安百姓百姓欣然
以事其上懽欣交通而天下治今皇帝病

女不已廼失惑惛亂不能繼嗣奉宗廟祭
祀不可屬天下其代之羣臣皆頓首言皇
太后爲天下齊民計所以安宗廟社稷甚
深羣臣頓首奉詔帝廢位太后幽殺之五
月丙辰立常山王義爲帝更名曰弘不稱
元年者以太后制天下事也以軹侯朝爲
常山王置太尉官絳侯勃爲太尉五年八
月淮陽王薨以弟壺關侯武爲淮陽王六
年十月太后曰呂王嘉居處驕恣廢之以

肅王台弟呂產爲呂王夏赦天下封齊悼
惠王子興居爲東牟矦七年正月太后召
趙王友友以諸呂女爲后弗愛愛他姬諸
呂女妬怒去讒之於太后誣以罪過曰呂
氏安得王太后百歲後吾必擊之太后怒
以故召趙王趙王至置邸不見令衛圍守
之弗與食其羣臣或竊饋輒捕論之趙王
餓乃歌曰諸呂用事兮劉氏危迫脅王矦
兮強授我妃我妃既妬兮誣我以惡讒女

亂國兮上曾不寤我無忠臣兮何故弃國自決中野兮蒼天舉直（徐廣曰舉一作與）于嗟不可悔兮寧蚤自財為王而餓死兮誰者憐之呂氏絶理兮託天報仇丁丑趙王幽死以民禮葬之長安民冢次己丑日食晝晦太后惡之心不樂乃謂左右曰此為我也二月徙梁王恢為趙王呂王産徙為梁王梁王不之國為帝太傅立皇子平昌侯太為呂王更名梁曰呂呂曰濟川太后女弟呂

頗有女爲營陵侯劉澤妻澤爲大將軍太
后王諸呂恐即崩後劉將軍爲害迺以劉
澤爲琅邪王以慰其心梁王恢之徙王趙
心懷不樂太后以呂產女爲趙王后王后
從官皆諸呂擅權微伺趙王趙不得自恣
王有所愛姬王后使人酖殺之王乃爲歌
詩四章令樂人歌之王悲六月即自殺太
后聞之以爲王用婦人弃宗廟禮廢其嗣
宣平侯張敖卒以子偃爲魯王敖賜謚爲

魯元王秋太后使使告代王欲徙王趙代王謝願守代邊太傅産丞相平等言武信侯呂禄徐廣曰呂后兄子也前封胡陵侯蓋號曰武信上侯位次第一如淳曰功大者位在上功臣侯表有第一第二之次也請立爲趙王太后許之追尊禄父康侯爲趙昭王九月燕靈王建薨有美人子太后使人殺之無後國除八年十月立呂肅王子東平侯呂通爲燕王封通弟呂莊爲東平侯三月中呂后祓還過軹道見物如蒼犬據徐廣曰音戟高后掖忽

弗復見卜之云趙王如意爲祟高后遂病掖傷高后爲外孫魯元王偃年少蚤失父毋孤弱迺封張敖前姬兩子侈爲新都侯壽爲樂昌侯（徐廣曰食細陽之池陽鄉）以輔魯元王偃及封中大謁者張釋爲建陵侯（徐廣曰一云張釋卿騶案如淳曰百官表謁者掌賓賛受事灌嬰爲中謁者後常以奄人爲之諸官加中者多奄人也）呂榮爲祝茲侯（徐廣曰呂后昆弟子）諸中宦者令丞皆爲關內侯食邑五百戸（如淳曰列侯出關就國關內侯但爵其身有加異者與關內之邑食其租稅也風俗通義曰秦時六國未平將帥皆家關中故稱關內侯）七月中高后病甚

廼令趙王呂祿爲上將軍軍北軍呂王產居南軍呂太后誡產祿曰高帝已定天下與大臣約曰非劉氏王者天下共擊之今呂氏王大臣弗平我即崩帝年少大臣恐爲變必據兵衛宮愼毋送喪毋爲人所制辛巳高后崩遺詔賜諸侯王各千金蔡邕曰皇子封爲王者其實古諸侯也加號稱王故謂之諸侯王王子封爲侯者謂之諸侯將相列侯郎吏皆以秩賜金大赦天下以呂王產爲相國以呂祿女爲帝后高后已葬皇甫謐曰合葬長陵

皇覽曰高帝呂后山各一所也以左丞相審食其爲帝太傅朱虛侯劉章有氣力東牟侯興居其弟也皆齊哀王弟居長安當是時諸呂用事擅權欲爲亂畏高帝故大臣絳灌等未敢發朱虛侯婦呂祿女陰知其謀恐見誅迺陰令人告其兄齊王欲令發兵西誅諸呂而立朱虛侯欲從中與大臣爲應齊王欲發兵其相弗聽八月丙午齊王欲使人誅相相召平迺反舉兵欲圍王王因殺其相遂發

兵東詐奪琅邪王兵并將之而西語在齊
王語中齊王迺遺諸侯王書曰高帝平定
天下王諸子弟悼惠王王齊悼惠王薨孝
惠帝使留侯良立臣爲齊王孝惠崩高后
用事春秋高聽諸呂擅廢帝更立又比殺
三趙王滅梁趙燕以王諸呂分齊爲四忠
臣進諫上惑亂弗聽今高后崩而帝春秋
富未能治天下固恃大臣諸侯而諸呂又
擅自尊官聚兵嚴威劫列侯忠臣矯制以

令天下宗廟所以危寡人率兵入誅不當
爲王者漢聞之相國呂産等迺遣潁陰侯
灌嬰將兵擊之灌嬰至滎陽迺謀曰諸呂
權兵關中欲危劉氏而自立今我破齊還
報此益呂氏之資也迺留屯滎陽使使諭
齊王及諸侯與連和以待呂氏變共誅之
齊王聞之迺還兵西界待約呂祿呂産欲
發亂關中内憚絳侯朱虚等外畏齊楚兵
又恐灌嬰畔之欲待灌嬰兵與齊合而發

猶豫未決當是時濟川王太淮陽王武常
山王朝名爲少帝弟及魯元王呂后外孫
皆年少未之國居長安趙王禄梁王産各
將兵居南北軍皆呂氏之人列侯羣臣莫
自堅其命太尉絳侯勃不得入軍中主兵
曲周侯酈商老病其子寄與呂禄善絳侯
迺與丞相陳平謀使人劫酈商令其子寄
往紿説呂禄曰高帝與呂后共定天下劉
氏所立九王呂氏立三王皆大臣之議事

已布告諸侯諸侯皆以爲宜今太后崩帝
少而足下佩趙王印不急之國守藩迺爲上
將將兵留此爲大臣諸侯所疑足下何不歸
將印以兵屬太尉請梁王歸相國印與大臣
盟而之國齊兵必罷大臣得安足下高枕
而王千里此萬世之利也呂禄信然其計
欲歸將印以兵屬太尉使人報呂產及諸呂
老人或以爲便或曰不便計猶豫未有所決
呂禄信酈寄時與出游獵過其姑呂須須大

怒曰若爲將而弃軍呂氏今無處矣迺悉出
珠玉寶器散堂下曰毋爲他人守也左丞相
食其免八月庚申旦平陽侯窋行御史大夫
事見相國產計事郎中令賈壽使從齊來因
數產曰王不蚤之國今雖欲行尚可得邪具
以灌嬰與齊楚合從欲誅諸呂告產迺趣產
急入宮平陽侯頗聞其語迺馳告丞相太尉
太尉欲入北軍不得入襄平侯通徐廣曰姓紀尚符節
張晏曰紀信子也尚主也今符節令迺令持節矯內太尉北軍太

尉復令酈寄與典客劉揭漢書百官表曰典客秦官也掌諸侯歸義蠻夷先説呂禄曰帝使太尉守北軍欲足下之國急歸將印辭去不然禍且起呂禄以爲酈兄徐廣曰音況字也名寄不欺己遂解印屬典客而以兵授太尉太尉將之入軍門行令軍中曰爲呂氏右襢爲劉氏左襢軍中皆左襢爲劉氏太尉行至將軍呂禄亦已解上將印去太尉遂將北軍然尚有南軍平陽侯聞之以呂產謀告丞相平丞相平迺召

朱虛侯佐太尉太尉令朱虛侯監軍門令平陽侯告衛尉毋入相國產殿門呂產不知呂祿已去北軍迺入未央宮欲爲亂殿門弗得入徘徊往來平陽侯恐弗勝馳語太尉太尉尚恐不勝諸呂未敢訟言誅之徐廣曰訟一作公駰案韋昭曰訟猶公也迺遣朱虛侯謂曰急入宮衛帝朱虛侯請卒太尉予卒千餘人入未央宮門遂見產廷中日餔時遂擊產產走天風大起以故其從官亂莫敢鬬逐產殺

之郎中府吏厠中如淳曰百官表郎中令掌宮殿門戶故其府在宮中後轉爲光祿勳也
朱虛侯已殺產帝命謁者持節勞朱虛侯
朱虛侯欲奪節信謁者不肯朱虛侯則從
與載因節信馳走斬長樂衛尉呂更始還
馳入北軍報太尉太尉起拜賀朱虛侯曰
所患獨呂產今已誅天下定矣遂遣人分
部悉捕諸呂男女無少長皆斬之辛酉捕
斬呂祿而笞殺呂須使人誅燕王呂通而
廢魯王偃壬戌以帝太傅食其復爲左丞

相戊辰徙濟川王王梁立趙幽王子遂爲
趙王遣朱虛侯章以誅諸呂氏事告齊王
令罷兵灌嬰兵亦罷滎陽而歸諸大臣相
與陰謀曰少帝及梁淮陽常山王皆非眞
孝惠子也呂后以計詐名他人子殺其母
養後宮令孝惠子之立以爲後及諸王以
彊呂氏今皆已夷滅諸呂而置所立即長
用事吾屬無類矣不如視諸王最賢者立
之或言齊悼惠王高帝長子今其適子爲

齊王推本言之高帝適長孫可立也大臣皆曰呂氏以外家惡而幾危宗廟亂功臣今齊王毋家駟駟鈞惡人也即立齊王則復爲呂氏欲立淮南王以爲少毋家又惡迺曰代王方今高帝見子最長仁孝寬厚太后家薄氏謹良且立長故順以仁孝聞於天下便迺相與共陰使人召代王代王使人辭謝再反然后乘六乘傳張晏曰備漢朝有變欲馳還也或曰傳車六乘後九月文穎曰即閏九月也時律曆廢不知閏謂之後九月也以十月爲歲首至

九月則歲終後九月則閏月晦日己酉至長安舍代邸大臣皆往謁奉天子璽上代王共尊立爲天子代王數讓羣臣固請然後聽東牟矦興居曰誅呂氏吾無功請得除宮迺與太僕汝陰矦滕公入宮前謂少帝曰足下非劉氏不當立乃顧麾左右執戟者掊兵罷去徐廣曰掊音仆有數人不肯去兵官者令張澤諭告亦去兵滕公迺召乘輿車載少帝出蔡邕曰律曰敢盜乘輿服御物天子至尊不敢渫瀆言之故託於乘輿也乘猶載也輿猶車也天子以天下爲家不以京師宮

室爲常處則當乘車輿以行天下故羣臣託乘輿以言之也故或謂之車駕少帝曰欲將我安之乎滕公曰出就舍舍少府迺奉天子法駕蔡邕曰天子有大駕小駕法駕法駕上乘金根車駕六馬有五時副車駕四馬侍中參乘屬車三十六乘迎代王於邸報曰宮謹除代王即夕入未央宮有謁者十人持戟衛端門曰天子在也足下何爲者而入代王迺謂太尉太尉往諭謁者十人皆掊兵而去代王遂入而聽政夜有司分部誅滅梁淮陽常山王及少帝於邸代王立爲天子二十三年崩

諡爲孝文皇帝

太史公曰孝惠皇帝高后之時黎民得離
戰國之苦君臣俱欲休息乎無爲故惠帝
垂拱高后女主稱制政不出房戶天下晏
然刑罰罕用罪人是希民務稼穡衣食
滋殖

史記卷第九

孝文本紀第十　史記十

孝文皇帝（漢書音義曰諱恒）高祖中子也高祖十一年春已破陳豨軍定代地立爲代王都中都太后薄氏子即位十七年高后八年七月高后崩九月諸呂呂產等欲爲亂以危劉氏大臣共誅之謀召立代王事在呂后語中丞相陳平太尉周勃等使人迎代王代王問左右郎中令張武等張武等議曰漢大臣皆故高帝時大將習兵多謀詐此

其屬意非止此也特畏高帝呂太后威耳今已誅諸呂新喋血京師公羊傳曰京大師衆也天子之居必以衆大之辭言也此以迎大王爲名實不可信願大王稱疾毋往以觀其變中尉宋昌進曰羣臣之議皆非也夫秦失其政諸侯豪桀並起人人自以爲得之者以萬數然卒踐天子之位者劉氏也天下絶望一矣高帝封王子弟地犬牙相制此所謂盤石之宗也天下服其彊二矣漢興除秦苛政約法令施

德惠人人自安難動揺三矣夫以呂太后之嚴立諸呂爲三王擅權專制然而太尉以一節入北軍一呼士皆左袒爲劉氏叛諸呂卒以滅之此乃天授非人力也今大臣雖欲爲變百姓弗爲使其黨寧能專一邪方今内有朱虚東牟之親外畏吴楚淮南琅邪齊代之彊方今高帝子獨淮南王與大王大王又長賢聖仁孝聞於天下故大臣因天下之心而欲迎立大王大王勿

疑也代王報太后計之猶與未定卜之龜卦兆得大橫（應劭曰以荆灼龜文正橫）占曰大橫庚庚余爲天王夏啓以光（服虔曰庚橫貌也李奇曰庚其繇文也張晏曰橫行無思不服庚更也言去諸侯而即帝位也先是五帝官天下老則禪賢王啓始傳父爵乃能光治先君之基業文帝亦襲父迹言似夏啓者也）代王曰寡人固已爲王矣又何王卜人曰所謂天王者乃天子於是代王乃遣太后弟薄昭往見絳侯絳侯等具爲昭言所以迎立王意薄昭還報曰信矣毋可疑者代王乃笑謂宋昌曰果如公言乃命

宋昌參乘張武等六人乘傳詣長安至高
陵休止而使宋昌先馳之長安觀變昌至
渭橋蘇林曰在長安北三里丞相以下皆迎宋昌還報
代王馳至渭橋羣臣拜謁稱臣代王下車
拜太尉勃進曰願請閒言宋昌曰所言公
公言之所言私王者不受私太尉乃跪上
天子璽符代王謝曰至代邸而議之遂馳
入代邸羣臣從至丞相陳平太尉周勃大
將軍陳武御史大夫張蒼宗正劉郢漢書百官

表曰宗正秦官應劭曰周成王時彤伯入爲宗正朱虛侯劉章東牟侯劉興居典客劉揭皆再拜言曰子弘等皆非孝惠帝子不當奉宗廟臣謹請與陰安侯蘇林曰高帝兄伯妻羹頡侯終母丘嫂也列侯頃王后徐廣曰代頃王劉仲之妻駰案蘇林曰仲子濞爲吳王故追謚爲頃王也如淳曰頃王后封陰安侯時呂嬃爲林光侯蕭何夫人亦爲酇侯又宗室表此時無陰安知其爲頃王后也與琅邪王宗室大臣列侯吏二千石議曰大王高帝長子宜爲高帝嗣願大王即天子位代王曰奉高帝宗廟重事也寡人不佞不足以稱宗廟願

請楚王計宜者（蘇林曰楚王名交高帝弟）寡人不敢當羣臣皆伏固請代王西鄉讓者三南鄉讓者再（如淳曰讓羣臣也或曰賓主位東西面君臣位南北面故西鄉坐三讓不受羣臣猶稱宜乃更迴坐示變即君位之漸也）丞相平等皆曰臣伏計之大王奉高帝宗廟最宜稱雖天下諸侯萬民以為宜臣等為宗廟社稷計不敢忽願大王幸聽臣等臣謹奉天子璽符再拜上代王曰宗室將相王列侯以為莫宜寡人寡人不敢辭遂即天子位羣臣以禮次侍乃使太僕嬰與東牟侯興

居清宮應劭曰舊典天子行幸所至必遣靜宮令先案行清靜殿中以虞非常奉天
子法駕迎于代邸皇帝即日夕入未央宮
乃夜拜宋昌為衛將軍鎮撫南北軍以張
武為郎中令行殿中還坐前殿於是夜下
詔書曰閒者諸呂用事擅權謀為大逆欲
以危劉氏宗廟賴將相列侯宗室大臣誅
之皆伏其辜朕初即位其赦天下賜民爵
一級女子百戶牛酒蘇林曰男賜爵女子賜牛酒酺五日文穎
曰漢律三人已上無故羣飲罰金四兩今詔橫賜得令會聚飲食五日
○孝文皇帝元

年十月庚戌徙立故琅邪王澤爲燕王辛
亥皇帝即阼謁高廟右丞相平徙爲左丞
相太尉勃爲右丞相大將軍灌嬰爲太尉
諸呂所奪齊楚故地皆復與之壬子遣車
騎將軍薄昭迎皇太后于代皇帝曰呂產
自置爲相國呂祿爲上將軍擅矯遣灌將
軍嬰將兵擊齊欲代劉氏嬰留滎陽弗擊
與諸侯合謀以誅呂氏呂產欲爲不善丞
相陳平與太尉周勃謀奪呂產等軍朱虛

矦劉章首先捕呂產等太尉身率襄平矦
通持節承詔入北軍典客劉揭身奪趙王
呂祿印益封太尉勃萬戸賜金五千斤丞
相陳平灌將軍嬰邑各三千戸金二千斤
朱虚矦劉章襄平矦通東牟矦劉興居邑
各二千戸金千斤（徐廣曰十一月辛丑）封典客揭爲陽
信矦賜金千斤十二月上曰法者治之正
也所以禁暴而率善人也今犯法已論而使
毋罪之父母妻子同產坐之及爲收帑朕

甚不取其議之有司皆曰民不能自治故
爲法以禁之相坐收所以累其心使重
犯法所從來遠矣如故便上曰朕聞法正
則民慤罪當則民從且夫牧民而導之善
者吏也其既不能導又以不正之法罪之
是反害於民爲暴者也何以禁之朕未見
其便其孰計之有司皆曰陛下加大惠德
甚盛非臣等所及也請奉詔書除收帑諸
相坐律令應劭曰帑子也秦法一人有罪并坐其家室今除此律正月有司言

曰蚤建太子所以尊宗廟請立太子上曰朕既不德上帝神明未歆享天下人民未有嗛志今縱不能慱求天下賢聖有德之人而禪天下焉而曰豫建太子是重吾不德也謂天下何其安之有司曰豫建太子所以重宗廟社稷不忘天下也上曰楚王季父也春秋高閱天下之義理多矣如淳曰閱猶言多所更歷也明於國家之大體吳王於朕兄也惠仁以好德淮南王弟也秉德以陪朕文穎曰陪輔也

豈爲不豫哉諸侯王宗室昆弟有功臣多
賢及有德義者若舉有德以陪朕之不能
終是社稷之靈天下之福也今不選舉焉
而曰必子人其以朕爲忘賢有德者而專
於子非所以憂天下也朕甚不取也有司
皆固請曰古者殷周有國治安皆千餘歲
古之有天下者莫不長焉用此道也立嗣
必子所從來遠矣高帝親率士大夫始平
天下建諸侯爲帝者太祖諸侯王及列侯

始受國者皆亦爲其國祖子孫繼嗣世世弗絕天下之大義也故高帝設之以撫海内今釋宜建而更選於諸侯及宗室非高帝之志也更議不宜子某最長純厚慈仁請建以爲太子上乃許之因賜天下民當代父後者爵各一級韋昭曰文帝以立子爲後不欲獨饗其福故賜天下爲父後者爵封將軍薄昭爲軹侯徐廣曰正月乙巳也三月有司請立皇后薄太后曰諸侯皆同姓立太子母爲皇后皇后姓竇氏上爲立后故賜

天下鰥寡孤獨窮困及年八十已上孤兒九歲已下布帛米肉各有數上從代來初即位施德惠天下塡撫諸侯四夷皆洽驩乃循從代來功臣上曰方大臣之誅諸呂迎朕朕狐疑皆止朕唯中尉宋昌勸朕朕以得保奉宗廟已尊昌爲衛將軍其封昌爲壯武侯徐廣曰四月辛亥封封三十四年景帝中四年奪侯國除諸從朕六人官皆至九卿上曰列侯從高帝入蜀漢中者六十八人皆益封各三百戶故吏二

千石以上從高帝潁川守尊等十人食邑六百戶淮陽守申徒嘉等十人五百戶衛尉定等十人四百戶封淮南王舅父趙兼爲周陽侯齊王舅父駟鈞爲清郭侯如淳曰邑名六國時齊有清郭君清音靜秋封故常山丞相蔡兼爲樊侯人或說右丞相曰君本誅諸呂迎代王今又矜其功受上賞處尊位禍且及身右丞相勃乃謝病免罷左丞相平專爲丞相徐廣曰八月中二年十月丞相平卒復以絳侯勃爲丞相

上曰朕聞古者諸侯建國千餘歲各守其地以時入貢民不勞苦上下驩欣靡有遺德今列侯多居長安邑遠吏卒給輸費苦而列侯亦無由教馴其民其令列侯之國爲吏及詔所止者遣太子張晏曰爲吏謂以卿大夫爲兼官者詔所止特以恩愛見留者十一月晦日有食之十二月望日又食徐廣曰此云望日又食案漢書及五行志無此日食文也一本作月食然史書不紀月食上曰朕聞之天生蒸民爲之置君以養治之人主不德布政不均則天示之以菑以誡

不治乃十一月晦日有食之適見于天菑孰大焉朕獲保宗廟以微眇之身託于兆民君王之上天下治亂在朕一人唯二三執政猶吾股肱也朕下不能理育羣生上以累三光之明其不德大矣令至其悉思朕之過失及知見思之所不及白以告朕及舉賢良方正能直言極諫者以匡朕之不逮因各飭其任職務省繇費以便民朕既不能遠德故憪然念外人之有非漢書音義曰憪

然猶介然也非斷非也是以設備未息今纖不能罷邊屯戍而又飭兵厚衞其罷衞將軍軍太僕見馬遺財足餘皆以給置傳正月上曰農天下之本其開藉田應劭曰古者天子耕籍田千畝爲天下先藉者帝王典藉之常韋昭曰藉借也借民力以治之以奉宗廟且以勸率天下使務農也瓚曰景帝詔曰朕親耕后親桑爲天下先本以躬親爲義不得以假借爲稱也藉蹈藉也朕親率耕以給宗廟粢盛應劭曰黍稷曰粢在器中曰盛三月有司請立皇子爲諸侯王上曰趙幽王幽死朕甚憐之已立其長子遂爲趙王遂弟辟彊及齊悼惠王

子朱虛侯章東牟侯興居有功可王乃立趙幽王少子辟彊爲河間王以齊劇郡立朱虛侯爲城陽王立東牟侯爲濟北王皇子武爲代王子參爲太原王子揖爲梁王

上曰古之治天下朝有進善之旌應劭曰旌幡也堯設之五達之道令民進善也如淳曰欲有進善者立於旌下言之誹謗之木服虔曰堯作之橋梁交午柱頭應劭曰橋梁邊板所以書政治之愆失也至秦去之今乃復施也所以通治道而來諫者今法有誹謗妖言之罪是使衆臣不敢盡情而上無由聞過失也將何以

來遠方之賢良其除之民或祝詛上以相約結而後相謾（漢書音義曰民相結共祝詛上也謾者而後謾而止之不畢祝詛也）吏以爲大逆其有他言而吏又以爲誹謗此細民之愚無知抵死朕甚不取自今以來有犯此者勿聽治九月初與郡國守相爲銅虎符竹使符（應劭曰銅虎符第一至第五國家當發兵遣使者至郡合符符合乃聽受之竹使符皆以竹箭五枚長五寸鐫刻篆書第一至第五張晏曰符以代古之珪璋從簡易也）

三年十月丁酉晦日有食之十一月上曰前日詔遣列侯之國或辭未行丞相朕之

所重其爲朕率列矦之國絳矦勃免丞相就國以太尉潁陰矦嬰爲丞相罷太尉官屬丞相四月城陽王章薨淮南王長與從者魏敬殺辟陽矦審食其五月匈奴入北地居河南爲寇帝初幸甘泉蔡邕曰天子車駕所至民臣以爲僥倖故曰幸至見令長三老官屬親臨軒作樂賜食帛越巾刀佩帶民爵有級數或賜田租之半故因是謂之幸六月帝曰漢與匈奴約爲昆弟毋使害邊境所以輸遺匈奴甚厚今右賢王離其國將衆居河南降地非常故往來近塞

捕殺吏卒驅保塞蠻夷令不得居其故陵
轢邊吏入盜甚敖無道非約也其發邊吏
騎八萬五千詣高奴遣丞相潁陰侯灌嬰
擊匈奴匈奴去發中尉漢書百官表曰中尉秦官材官屬
衛將軍軍長安辛卯帝自甘泉之高奴因
幸太原見故羣臣皆賜之舉功行賞諸民
里賜牛酒復晉陽中都民三歲留游太原
十餘日濟北王興居聞帝之代欲往擊胡
乃反發兵欲襲滎陽於是詔罷丞相兵遣

棘蒲侯陳武為大將軍將十萬往擊之祁侯賀（徐廣曰姓繒以文帝十一年卒謚曰敬）為將軍軍滎陽七月辛亥帝自太原至長安迺詔有司曰濟北王背德反上詿誤吏民為大逆濟北吏民兵未至先自定及以軍地邑降者皆赦之復官爵與王興居去來亦赦之（徐廣曰乍去乍來也駰案張晏曰雖始與興居反今降赦之）八月破濟北軍虜其王赦濟北諸吏民與王反者

六年有司言淮南王長廢先帝法不聽天

子詔居處毋度出入擬於天子擅爲法令與棘蒲侯太子奇謀反遣人使閩越及匈奴發其兵欲以危宗廟社稷羣臣議皆曰長當弃市帝不忍致法於王赦其罪廢勿王羣臣請處王蜀嚴道邛都徐廣曰漢書本或作却字或直云邛僰邛都乃本是西南夷爾時未通嚴道有邛僰山帝許之長未到處所行病死上憐之後十六年追尊淮南王長謚爲厲王立其子三人爲淮南王衡山王廬江王

十三年夏上曰蓋聞天道禍自怨起而福
繇德興百官之非宜由朕躬今祕祝之官
移過于下應劭曰祕祝之官移過于下國家諱之故曰祕以彰吾之不
德朕甚不取其除之五月齊太倉令淳于
公有罪當刑詔獄逮徙繫長安太倉公無
男有女五人太倉公將行會逮罵其女曰
生子不生男有緩急非有益也其少女緹
縈自傷泣乃隨其父至長安上書曰妾父
爲吏齊中皆稱其廉平今坐法當刑妾傷

夫死者不可復生刑者不可復屬雖復欲改過自新其道無由也妾願沒入爲官婢贖父刑罪使得自新書奏天子天子憐悲其意乃下詔曰蓋聞有虞氏之時畫衣冠異章服以爲僇而民不犯何則至治也今法有肉刑三（李奇曰約法三章無肉刑文帝則有肉刑孟康曰黥劓二左右趾合一凡三）而姦不止其咎安在非乃朕德薄而教不明歟吾甚自愧故夫馴道不純而愚民陷焉詩曰愷悌君子民之父母今人有過教

未施而刑加焉或欲改行爲善而道毋由也朕甚憐之夫刑至斷支體刻肌膚終身不息何其楚痛而不德也豈稱爲民父母之意哉其除肉刑上曰農天下之本務莫大焉今勤身從事而有租稅之賦是爲本末者毋以異李奇曰本農也末賈也言農與賈俱出租無異也故除田租其於勸農之道未備其除田之租稅

十四年冬匈奴謀入邊爲寇攻朝那塞殺北地都尉卬徐廣曰姓孫封其子單爲缾侯匈奴所殺上乃遣三將

軍軍隴西北地上郡中尉周舍爲衞將軍
郎中令張武爲車騎將軍軍渭北車千乘
騎卒十萬帝親自勞軍勒兵申教令賜軍
吏卒帝欲自將擊匈奴羣臣諫皆不聽皇
太后固要帝（如淳曰必不得自征也）帝乃止於是以東
陽侯張相如爲大將軍成侯赤（徐廣曰姓董也）內
史欒布爲將軍擊匈奴匈奴遁走春上曰
朕獲執犧牲珪幣以事上帝宗廟十四年
于今歷日縣長以不敢不明而久撫臨天

下朕甚自媿其廣增諸祀壇場珪幣昔先王遠施不求其報望祀不祈其福右賢左戚(韋昭曰右猶高左猶下也)先民後己至明之極也今吾聞祠官祝釐(如淳曰釐福也賈誼傳受釐坐宣室)皆歸福朕躬不爲百姓朕甚愧之夫以朕不德而躬享獨美其福百姓不與焉是重吾不德其令祠官致敬毋有所祈是時北平侯張蒼爲丞相方明律曆魯人公孫臣上書陳終始傳五德事言方今土德時土德應黃龍見當

改正朔服色制度天子下其事與丞相議
丞相推以爲今水德始明正十月上黑事
以爲其言非是請罷之
十五年黃龍見成紀韋昭曰成紀縣屬天水天子乃復
召魯公孫臣以爲博士申明土德事於是
上乃下詔曰有異物之神見于成紀無害
於民歲以有年朕親郊祀上帝諸神禮官
議毋諱以勞朕漢書音義曰言無所諱勿以朕爲勞有司禮官
皆曰古者天子夏躬親禮祀上帝於郊故

曰郊於是天子始幸雍郊見五帝以孟夏四月荅禮焉趙人新垣平以望氣見因說上設立渭陽五廟（韋昭曰在渭城）欲出周鼎當有玉英見（瑞應圖云玉英五常並修則見）

十六年上親郊見渭陽五帝廟亦以夏荅禮而尚赤

十七年得玉杯（應劭曰新垣平詐令人獻之）刻曰人主延壽於是天子始更爲元年令天下大酺其歲新垣平事覺夷三族後二年上曰朕旣不

明不能遠德是以使方外之國或不寧息
夫四荒之外不安其生封畿之內勤勞不
處二者之咎皆自於朕之德薄而不能遠
達也間者累年匈奴並暴邊境多殺吏民
邊臣兵吏又不能諭吾內志以重吾不德
也夫久結難連兵中外之國將何以自寧
今朕夙興夜寐勤勞天下憂苦萬民爲之
怛惕不安未嘗一日忘於心故遣使者冠
蓋相望結軼音轍於道韋昭曰使車往還故轍如結也相如曰結軌還轍以

諭朕意於單于今單于反古之道計社稷之安便萬民之利親與朕俱弃細過偕之大道結兄弟之義以全天下元元之民和親已定始于今年後六年冬匈奴三萬人入上郡三萬人入雲中以中大夫令勉（徐廣曰衛尉改名也駰案漢書百官表景帝初改衛尉爲中大夫令非此年也）爲車騎將軍軍飛狐（如淳曰在代郡蘇林曰在上黨）故楚相蘇意爲將軍軍句注（應劭曰山險名也在鴈門陰館）將軍張武屯北地河內守周亞夫爲將軍居細柳（徐廣曰在長安西駰案如淳曰長安

圖細柳倉在渭北近石徼張揖曰在昆明池南今有柳市是也宗正劉禮爲將軍
居霸上祝茲侯徐廣曰表作松茲侯姓徐名悍軍棘門徐廣曰在渭北騶案
孟康曰在長安北秦時宮門也如淳曰三輔黃圖棘門在橫門外以備胡數月胡人
去亦罷天下旱蝗帝加惠令諸侯毋入貢
弛山澤韋昭曰弛廢廢其常禁以利民減諸服御狗馬損郎
吏員發倉庾應劭曰水漕倉曰庾胡公曰在邑曰倉在野曰庾以振貧民
民得賣爵孝文帝從代來即位二十三年
宮室苑囿狗馬服御無所增益有不便輒
弛以利民嘗欲作露臺徐廣曰露一作靈召匠計之

直百金上曰百金中民十家之產吾奉先
帝宮室常恐羞之何以臺爲上常衣綈衣
如淳曰賈誼云身衣皁綈所幸愼夫人令衣不得曳地幃
帳不得文繡以示敦朴爲天下先治霸陵
皆以瓦器不得以金銀銅錫爲飾不治墳
欲爲省毋煩民南越王尉佗自立爲武帝
然上召貴尉佗兄弟以德報之佗遂去帝
稱臣與匈奴和親匈奴背約入盜然令邊
備守不發兵深入惡煩苦百姓吳王詐病

不朝就賜几杖羣臣如表盎等稱說雖切
常假借用之蘇林曰假音休假借音以物借人羣臣如張武
等受賂遺金錢覺上乃發御府金錢賜之
以愧其心弗下吏專務以德化民是以海
内殷富興於禮義後七年六月己亥帝崩
於未央宮徐廣曰年四十七遺詔曰朕聞蓋天下萬
物之萌生靡不有死死者天地之理物之
自然者奚可甚哀當今之時世咸嘉生而
惡死厚葬以破業重服以傷生吾甚不取

且朕既不德無以佐百姓今崩又使重服久臨以離寒暑之數哀人之父子傷長幼之志損其飲食絕鬼神之祭祀以重吾不德也謂天下何朕獲保宗廟以眇眇之身託于天下君王之上二十有餘年矣賴天地之靈社稷之福方內安寧（瓚曰方四方也內中也猶云中外也）靡有兵革（徐廣曰一云方內安兵革息）朕既不敏常畏過行以羞先帝之遺德維年之久長懼于不終今乃幸以天年得復供養于高廟朕之不

明與嘉之如淳曰與發聲也得卒天年已善矣其奚哀悲之有其
令天下吏民令到出臨三日皆釋服毋禁
取婦嫁女祠祀飲酒食肉者自當給喪事
服臨者皆無踐服虔曰踐翦也謂無斬衰也孟康曰踐跣也晉灼曰漢語作跣跣徒跣也
絰帶無過三寸毋布車及兵器應劭曰無以布衣車及兵器也
不施輕車介士也毋發民男女哭臨宮殿宮殿中當
臨者皆以旦夕各十五舉聲禮畢罷非旦
夕臨時禁毋得擅哭已下服大紅十五日
小紅十四日纖七日釋服服虔曰當言大功小功布也纖細布衣也

應劭曰紅者中祥大祥以紅爲領緣也纎者禫也凡三十六日而釋服佗不在令中者皆以此令比率從事布告天下使明知朕意霸陵山川因其故應劭曰因山爲藏不復起墳山下川流不遏絕也就其水名以爲陵號毋有所改歸夫人以下至少使應劭曰夫人以下有美人良人八子七子長使少使凡七輩皆遣歸家重絕人類也令中尉亞夫爲車騎將軍屬國悍徐廣曰姓徐駰案漢書百官表典屬國秦官掌蠻夷降者爲將屯將軍李奇曰馮奉世爲右將軍以將屯將軍爲名此監主諸屯也郎中令武爲復土將軍如淳曰主穿壙填瘞事者發近縣見卒萬六千人發內史卒萬五千人藏郭穿復土

屬將軍武乙巳漢書云乙巳葬皇甫謐曰霸陵去長安七十里羣臣皆
頓首上尊號曰孝文皇帝太子即位于高
廟丁未襲號曰皇帝孝景皇帝元年十月
制詔御史蓋聞古者祖有功而宗有德應劭曰始取天下者爲祖高帝稱高祖是也始治天下者爲宗文帝稱太宗是也制禮樂各
有由聞歌者所以發德也舞者所以明功
也高廟酎張晏曰正月旦作酒八月成名曰酎酎之言純也至武帝時因八月甞酎會諸侯廟中出金助祭所謂酎金也奏武德文始五行之舞孟康曰武德高祖所作也文始舜舞也五行周舞也武德者其舞人執干戚文始舞執羽籥五行舞冠冕衣服法五行色

見禮樂志孝惠廟酎奏文始五行之舞孝文皇帝臨天下通關梁不異遠方張晏曰孝文十二年除關不用傳令遠近若一除誹謗去肉刑賞賜長老收恤孤獨以育羣生減嗜欲不受獻徐廣曰減一作滅不私其利也罪人不孥蘇林曰刑不及妻子不誅無罪除肉刑出美人重絕人之世朕既不敏不能識此皆上古之所不及而孝文皇帝親行之德厚侔天地李奇曰侔齊等利澤施四海靡不獲福焉明象乎日月而廟樂不稱朕甚懼焉其

爲孝文皇帝廟爲昭德之舞文穎曰景帝采高祖武德舞作昭德舞舞之於文帝廟見禮樂志以明休德然后祖宗之功德著於竹帛施于萬世永永無窮朕甚嘉之其與丞相列侯中二千石禮官具爲禮儀奏丞相臣嘉等言陛下永思孝道立昭德之舞以明孝文皇帝之盛德皆臣嘉等愚所不及臣謹議世功莫大於高皇帝德莫盛於孝文皇帝高皇廟宜爲帝者太祖之廟孝文皇帝廟宜爲帝者太宗之廟天子

宜世世獻祖宗之廟郡國諸侯宜各爲孝文皇帝立太宗之廟諸侯王列侯使者侍祠天子歲獻祖宗之廟張晏曰王及列侯歲時遣使詣京師侍祠助祭也如淳曰若光武廟在章陵南陽太守稱使者往祭是也不使侯王祭者諸侯不得祖天子也凡臨祭祀宗廟皆爲侍祭請著之竹帛宣布天下制曰可

太史公曰孔子言必世然後仁孔安國曰三十年曰世如有受命王者必三十年仁政乃成善人之治國百年亦可以勝殘去殺王肅曰勝殘暴之人使不爲惡去殺不用殺也誠哉是言漢興至孝文四十有餘載德至盛也廩廩鄉改正

服封禪矣謙讓未成於今嗚呼豈不仁哉

史記卷第十

孝景本紀第十一　史記十一

孝景皇帝者漢書音義曰諱啓孝文之中子也母竇太后孝文在代時前后有三男及竇太后得幸前后死及三子更死故孝景得立

元年四月乙卯赦天下乙巳賜民爵一級五月除田半租爲孝文立太宗廟令羣臣無朝賀匈奴入代與約和親

二年春封故相國蕭何孫係爲武陵侯徐廣曰漢書亦作係鄒誕本作傒音奚又案漢書功臣表及蕭何傳亦云孫嘉疑其人有二名男子二

十而得傅四月壬午孝文太后崩廣川長沙王皆之國丞相申屠嘉卒八月呂御史大夫開封侯陶青爲丞相彗星出東北秋衡山雨雹大者五寸深者二尺熒惑逆行守北辰月出北辰閒歲星逆行天廷中置南陵及內史祋祤爲縣徐廣曰地理志云文帝七年置駰案地理志百官表南陵縣文帝置也分內史爲左右及祋祤爲縣皆景帝二年不得皆如徐所云三年正月乙巳赦天下長星出西方天火徐廣曰漢書無燔雒陽東宮大殿城室徐廣曰雒一作淮吳王

濞楚王戊趙王遂膠西王卬濟南王辟光菑川王賢膠東王雄渠反發兵西鄉天子爲誅鼂錯遣袁盎諭告不止遂西圍梁上乃遣大將軍竇嬰太尉周亞夫將兵誅之六月乙亥赦亡軍及楚元王子蓺等與謀反者封大將軍竇嬰爲魏其侯立楚元王子平陸侯劉禮爲楚王立皇子端爲膠西王子勝爲中山王徙濟北王志爲菑川王淮陽王餘爲魯王汝南王非爲江都王齊

王將廬燕王嘉皆薨徐廣曰表云五年薨

四年夏立太子立皇子徹爲膠東王六月甲戌赦天下後九月更以弋陽爲陽陵復置津關用傳出入應劭曰文帝十二年除關無用傳至此復置傳以七國新反備非常也張晏曰傳信也若今過所也如淳曰傳音檄傳而傳兩行書繒帛分持其一出入關合之乃得過謂之傳冬以趙國爲邯鄲郡地理志趙國景帝以爲邯鄲郡

五年三月作陽陵渭橋五月募徙陽陵予錢二十萬江都大暴風從西方來壞城十二丈丁卯封長公主子蟜爲隆慮侯徙廣

川王爲趙王
六年春封中尉趙綰爲建陵侯江都丞相
嘉徐廣曰姓程爲建平侯隴西太守渾邪爲平
曲侯趙丞相嘉徐廣曰姓蘇爲江陵侯故將軍布
爲鄃侯梁楚二王皆薨後九月代馳道樹
殖蘭池徐廣曰殖一作塡
七年冬廢栗太子爲臨江王十二月晦日
有食之春免徒隸作陽陵者丞相青免二
月乙巳以太尉條侯周亞夫爲丞相四月

乙巳立膠東王太后爲皇后丁巳立膠東王爲太子名徹

中元年封故御史大夫周苛孫平（徐廣曰一作應）爲繩侯故御史大夫周昌子左車爲安陽侯四月乙巳赦天下賜爵一級除禁錮地動衡山原都雨雹大者尺八寸中二年二月匈奴入燕遂不和親三月召臨江王來即死中尉府中夏立皇子越爲廣川王子寄爲膠東王封四侯（文穎曰楚相張尚太傅趙夷吾趙相建德內史王悍此四人各）

諫其王無使反不聽皆殺之故封其子九月甲戌日食

中三年冬罷諸侯御史中丞春匈奴王二人率其徒來降皆封爲列侯立皇子乘爲清河王三月彗星出西北丞相周亞夫死以御史大夫桃侯劉舍爲丞相四月地動九月戊戌晦日食軍東都門外案三輔黃圖東出北第一門曰宣平門外曰東都門

中四年三月置德陽宮瓚曰是景帝廟也帝自作之諱不言廟故言宮西京故事云景帝廟爲德陽宮大蝗秋赦徒作陽陵者

中五年夏立皇子舜爲常山王封十侯六月丁巳赦天下賜爵一級天下大潦更命諸侯丞相曰相秋地動中六年二月己卯行幸雍郊見五帝三月雨雹四月梁孝王城陽共王汝南王皆薨立梁孝王子明爲濟川王子彭離爲濟東王子定爲山陽王子不識爲濟陰王梁分爲五封四侯更命廷尉爲大理將作少府爲將作大匠主爵中尉爲都尉漢書百官表曰主爵中尉秦官掌列侯長信詹事漢書百官

表曰詹事秦官掌皇后太子家應劭曰詹省也給也瓚曰茂陵書詹事秩二千石爲長信
少府張晏曰以太后所居宮爲名長信宮則曰長信少府長樂宮則曰長樂少府將行
爲大長秋漢書百官表曰將行秦官應劭曰長秋皇后卿大行爲行人
服虔曰天子死未有謚稱大行晉灼曰禮有大行小行主謚官故以此名之如淳曰不反之辭也瓚曰大
行是官名掌九儀之制以賓諸侯奉常爲太常漢書百官表曰奉常秦官掌宗
廟禮儀典客爲大行治粟內史爲大農漢書百官
表曰治粟內史秦官掌穀貨也以大內爲二千石韋昭曰大內京師府藏
置左右內官屬大內七月辛亥日食八月
匈奴入上郡

後元年冬更命中大夫爲衞尉三月丁酉
赦天下賜爵一級中二千石諸侯相爵右
庶長四月大酺五月丙戌（徐廣曰丙一作甲）地動其
蚤食時復動上庸地動二十二日壞城垣
七月乙巳日食丞相劉舍免八月壬辰以
御史大夫綰爲丞相
後二年正月地一日三動郅將軍擊匈奴
酺五日令内史郡不得食馬粟沒入縣官
令徒隸衣七緵布止馬舂爲歲不登禁天

下食不造歲省列矦遣之國晉灼曰文紀遣列矦之國今又省之
三月匈奴入鴈門十月祖長陵田大旱
衡山國河東雲中郡民疫
後三年十月日月皆食赤五日十二月晦
靁徐廣曰一作雷字又作圖字實所未詳日如紫五星逆行守太微
月貫天庭中正月甲寅皇太子冠甲子孝
景皇帝崩皇甫謐曰帝以孝惠七年生年四十八遺詔賜諸矦王
以下至民爲父後爵一級天下戶百錢出
宮人歸其家復無所與太子即位是爲孝

武皇帝漢書云二月癸酉帝葬陽陵皇甫謐曰陽陵山方百二十步高十四丈去長安四十五里

三月封皇太后弟蚡蘇林曰蚡音鼢鼠爲武安矦弟勝爲周陽矦置陽陵

太史公曰漢興孝文施大德天下懷安至孝景不復憂異姓而鼂錯刻削諸矦遂使七國俱起合從而西鄉以諸矦大盛而錯爲之不以漸也及主父偃言之而諸矦以弱卒以安安危之機豈不以謀哉

史記卷第十一

孝武本紀第十二

太史公自序曰作今上本紀又其述事皆云今上今天子或有言孝武帝者悉後人所定也張晏曰武紀褚先生補作也褚先生名少孫漢博士也

史記第十二

孝武皇帝者漢書音義曰諱徹孝景中子也母曰王太后孝景四年以皇子爲膠東王孝景七年栗太子廢爲臨江王以膠東王爲太子孝景十六年崩太子即位爲孝武皇帝張晏曰武帝以景帝元年生七歲爲太子爲太子十歲而景帝崩時年十六矣孝武皇帝初即位尤敬鬼神之祀元年漢興已六十

餘歲矣徐廣曰六十七年歲在辛丑天下乂安薦紳之屬皆望天子封禪改正度也而上鄉儒術招賢良趙綰王臧等以文學爲公卿欲議古立明堂城南以朝諸侯草巡狩封禪改歷服色事未就會竇太后治黃老言不好儒術使人微得趙綰等姦利事徐廣曰纖微伺察之召案綰臧綰臧自殺諸所興爲皆廢後六年竇太后崩其明年上徵文學之士公孫弘等明年上初至雍郊見五時後常三歲一

郊是時上求神君舍之上林中蹏氏觀徐廣
曰蹏音帝神君者長陵女子以子死故見神於
先後宛若孟康曰產乳而死兄弟妻相謂先後宛若字宛若祠之其
室民多往祠平原君往祠徐廣曰武帝外祖母也駰案蔡邕曰異姓
婦人以恩澤封者曰君儀比長公主其後子孫以尊顯及武帝即
位則厚禮置祠之內中聞其言不見其人
云是時而李少君亦以祠竈穀道卻老方
見上李奇曰食穀道引或曰辟穀不食之道上尊之少君者故深
澤侯徐廣曰姓趙景帝時絕封入以主方徐廣曰進納於天子而主方一云侯人主方駰

案如淳曰矦家人主方藥者也匿其年及所生長常自謂七十

能使物卻老如淳曰物鬼物也瓚曰物藥物也其游以方徧諸

矦無妻子人聞其能使物及不死更饋遺

之常餘金錢衣食人皆以爲不治產業而

饒給又不知其何所人愈信爭事之少君

資好方善爲巧發奇中如淳曰時時發言有所中也嘗從

武安矦飲坐中有年九十餘老人少君乃

言與其大父游射處老人爲兒時從其大

父行識其處一坐盡驚少君見上上有故

銅器問少君少君曰此器齊桓公十年陳於栢寢服虔曰地名有臺也瓚曰晏子書栢寢臺名也已而案其刻果齊桓公器一宮盡駭以少君爲神數百歲人也少君言於上曰祠竈則致物致物而丹砂可化爲黃金黃金成以爲飲食器則益壽益壽而海中蓬萊僊者可見見之以封禪則不死黃帝是也臣嘗游海上見安期生食臣棗大如瓜安期生僊者通蓬萊中合則見人不合則隱於是天子始親祠竈

而遣方士入海求蓬萊安期生之屬而事化丹砂諸藥齊爲黃金矣居久之李少君病死天子以爲化去不死也而使黃錘（韋昭曰人姓名）史寬舒受其方（漢書音義曰二人皆方士）求蓬萊安期生莫能得而海上燕齊怪迂之方士多相效更言神事矣亳人薄誘忌（徐廣曰一云亳人謬忌也）奏祠泰一方曰天神貴者泰一泰一佐曰五帝古者天子以春秋祭太一東南郊用太牢具七日（徐廣曰一云日一太牢具十日）爲壇開八通之鬼道

於是天子令太祝立其祠長安東南郊常奉祠如忌方其後人有上書言古者天子三年一用太牢具祠神三一天一地一泰一天子許之令太祝領祠之忌泰一壇上如其方後人復有上書言古者天子常以春秋解祠祠黃帝用一梟破鏡孟康曰梟鳥名食母破鏡獸名食父黃帝欲絕其類使百物祠皆用之破鏡如貙而虎眼或云直用破鏡如淳曰漢使東郡送梟五月五日爲梟羹以賜百官以惡鳥故食之冥羊用羊祠服虔曰神名也馬行用一青牡馬泰一皋山山君地長用牛武夷君

用乾魚陰陽使者以一牛漢書音義曰陰陽之神也令祠官領之如其方而祠於忌泰一壇旁其後天子苑有白鹿以其皮爲幣以發瑞應造白金焉其明年郊雍獲一角獸若麃然韋昭曰楚人謂麋爲麃有司曰陛下肅祗郊祀上帝報享錫一角獸蓋麟云於是以薦五畤畤加一牛以燎賜諸侯白金以風符應合于天地晉灼曰符瑞也瓚曰風示諸侯以此符瑞之應於是濟北王以爲天子且封禪乃上書獻泰山及其旁邑天子受

之吏以他縣償之常山王有辠遷天子封
其弟於眞定以續先王祀而以常山爲郡
然后五嶽皆在天子之郡其明年齊人少
翁以鬼神方見上上有所幸王夫人徐廣曰齊懷王閎之母也駰案桓譚新論云武帝有所愛幸姬王夫人窈窕好容質性嫚佞夫人卒少
翁以方術蓋夜致王夫人及竈鬼之貌云
天子自帷中望見焉於是乃拜少翁爲文
成將軍賞賜甚多以客禮禮之文成言曰
上即欲與神通宮室被服不象神神物不

至乃作畫雲氣車及各以勝日（漢書音義曰如火勝金用丙與丁日不用庚辛）駕車辟惡鬼又作甘泉宮中爲臺室畫天地泰一諸神而置祭具以致天神居歲餘其方益衰神不至乃爲帛書以飯牛詳弗知也言此牛腹中有奇殺而視之得書言甚怪天子疑之有識其手書問之人果爲書於是誅文成將軍而隱之其後則又作柏梁銅柱承露僊人掌之屬矣（蘇林曰仙人以手掌擎盤承甘露也）文成死明年天子病鼎湖甚（晉灼

曰在湖縣韋昭曰地名近宜春巫醫無所不致至不愈游水發根服虔曰游水縣名發根人名姓晉灼曰地理志游水水名在臨淮淮浦也乃言曰上郡有巫病而鬼下之上召置祠之甘泉及病使人問神君韋昭曰即病巫之神神君言曰天子毋憂病病少愈強與我會甘泉於是病愈遂幸甘泉病良已孟康曰良已善已謂愈也大赦天下置壽宮神君服虔曰立此便宮也瓚曰宮奉神之宮也楚辭曰蹇將澹兮壽宮神君最貴者大夫其佐曰大禁司命之屬皆從之非可得見聞其音與人言等時去時來

來則風肅然也居室帷中時晝言然常以夜天子祓然后入漢書音義曰崇絜自祓除然後入因巫爲主人關飲食所欲者言行下李奇曰神所欲言上輒爲下之又置壽宮北宮張羽旗設供具以禮神君神君所言上使人受書其言命之曰書法漢書音義曰或云策書之法也其所語世俗之所知也毋絕殊者而天子獨喜其事祕世莫知也其後三年有司言元宜以天瑞命不宜以一二數蘇林曰得諸瑞以名年一元曰建元二元以長星曰元光三元

以郊得一角獸曰元狩云徐廣曰案諸紀元光後有元朔元朔後得元狩

其明年冬天子郊雍議曰今上帝朕親郊而后土毋祀則禮不荅也有司與太史公韋昭曰說者以談爲太史公失之矣史記稱遷爲太史公者是外孫楊惲所稱祠官寬舒等議天地牲角繭栗今陛下親祀后土后土宜於澤中圜丘爲五壇壇一黃犢太牢具已祠盡瘞而從祠衣上黃於是天子遂東始立后土祠汾陰脽上徐廣曰元鼎四年時也駰案蘇林曰脽音誰如淳曰河之東岸特堆堀長四五里廣二里餘高十餘丈汾陰縣在脽之上后土祠在縣西汾在脽之北西流與

河合也如寬舒等議上親望拜如上帝禮畢
天子遂至滎陽而還過雒陽下詔曰三代
邈絕遠矣難存其以三十里地封周後爲
周子南君以奉先王祀焉是歲天子始巡
郡縣侵尋於泰山矣晉灼曰遂往之意也其春樂成侯
徐廣曰姓丁名義後與欒大俱誅也上書言欒大欒大膠東宮人
服虔曰王家人故嘗與文成將軍同師已而爲膠東
王尚方而樂成侯妹爲康王后孟康曰膠東王后也毋
子康王死他姬子立爲王而康后有淫行

與王不相中得相危以法康后聞文成已死而欲自媚於上乃遣欒大因樂成侯求見言方天子旣誅文成後悔恨其早死惜其方不盡及見欒大大悅大爲人長美言多方略而敢爲大言處之不疑大言曰臣嘗往來海中見安期羨門之屬顧以爲臣賤不信臣又以爲康王諸侯耳不足予方臣數言康王康王又不用臣臣之師曰黃金可成而河決可塞不死之藥可得僊人

可致也臣恐效文成則方士皆掩口惡敢
言方哉上曰文成食馬肝死耳子誠能脩
其方我何愛乎大曰臣師非有求人人者
求之陛下必欲致之則貴其使者令有親
屬以客禮待之勿卑使各佩其信印乃可
使通言於神人神人尚肯邪不邪致尊其
使然后可致也於是上使先驗小方鬬旗
旗自相觸擊是時上方憂河決而黃金不
就乃拜大爲五利將軍居月餘得四金印

佩天士將軍地士將軍大通將軍印制詔
御史昔禹疏九江決四瀆閒者河溢皐陸
隄繇不息朕臨天下二十有八年天若遺
朕士而大通焉韋昭曰言欒大能通天意故封樂通乾稱蜚龍鴻
漸于般漢書音義曰般水涯堆也漸進也武帝云得欒大如鴻進於般一舉千里得道若飛龍在天
意庶幾與焉其以二千戶封地士將軍大
爲樂通侯韋昭曰樂通臨淮高平也賜列侯甲第漢書音義曰有甲乙
第次故曰第僮千人乘輿斥車馬漢書音義曰或云斥不用也韋昭曰嘗在
服御帷帳器物以充其家又以衞長公主妻

之孟康曰衛太子妹如淳曰衛太子姊也蔡邕曰帝女曰公主公主儀比諸侯姊妹曰長公主儀比諸侯王駰案此帝女也而云長公主未詳齎金萬斤更名其邑曰當利公主地理志云東萊有當利縣天子親如五利之第使者存問所給相連屬於道自大主徐廣曰武帝姑也駰案韋昭曰竇太后之女也將相以下皆置酒其家獻遺之於是天子又刻玉印曰天道將軍使使衣羽衣夜立白茅上五利將軍亦衣羽衣立白茅上受印以示弗臣也而佩天道者且爲天子道天神也於是五利常夜祠其家

欲以下神神未至而百鬼集矣然頗能使之其後治裝行東入海求其師云大見數月佩六印貴振天下而海上燕齊之閒莫不搤腕服虔曰滿手曰搤瓚曰搤執持也而自言有禁方能神僊矣其夏六月中汾陰巫錦應劭曰錦巫名爲民祠魏脽后土營旁應劭曰魏脽故魏國也脽若丘之類見地如鉤狀掊視得鼎鼎大異於衆鼎文鏤無款識韋昭曰款刻也怪之言吏吏告河東太守勝勝以聞天子使使驗問巫錦得鼎無姦詐乃以禮祠迎

鼎至甘泉從行上薦之（如淳曰以鼎從行上至甘泉將薦之於天也）至中山（徐廣曰河渠書鑿涇水自中山西）晏溫（如淳曰三輔謂日出清濟爲晏晏而溫也）有黃雲蓋焉有麃過上自射之因以祭云至長安（徐廣曰上言從行薦之或曰祭鼎乎）公卿大夫皆議請尊寶鼎天子曰閒者河溢歲數不登故巡祭后土祈爲百姓育穀今年豐廡未報鼎曷爲出哉有司皆曰聞昔大帝興神鼎一一者一統天地萬物所繫終也黃帝作寶鼎三象天地人也禹收九牧之金鑄九鼎皆嘗

鬺亨徐廣曰亨煮也鬺音觴皆嘗以亨牲牢而祭祀也上帝鬼神服虔曰以祭祀上帝或曰嘗亨酌也遭聖則興遷于夏商周德衰宋之社亡鼎乃淪伏而不見頌云自堂徂基自羊徂牛鼐鼎及鼒韋昭曰爾雅曰鼎絕大謂之鼐鼎圜弇上謂之鼒不虞不驁胡考之休今鼎至甘泉光潤龍變承休無疆合茲中山有黃白雲降韋昭曰與中山所見黃雲之氣合也蓋若獸爲符服虔曰雲若獸在車蓋也晉灼曰蓋辭也或曰符謂瑞應也路弓乘矢韋昭曰路大也四矢爲乘集獲壇下報祠大饗徐廣曰一云大報享祠也惟受命而帝者心知其意服虔曰高祖受命知之也宜見鼎於其廟

而合德焉鼎宜見於祖禰藏於帝廷以合
明應制曰可入海求蓬萊者言蓬萊不遠
而不能至者殆不見其氣上乃遣望氣佐
候其氣云其秋上幸雍且郊或曰五帝泰
一之佐也宜立泰一而上親郊之上疑未
定齊人公孫卿曰今年得寶鼎其冬辛巳
朔旦冬至與黃帝時等卿有札書曰黃帝
得寶鼎宛侯問於鬼臾區（漢書音義曰區黃帝時人）區對
曰黃帝得寶鼎神筴是歲己酉朔旦冬至

得天之紀終而復始於是黃帝迎日推筴
後率二十歲得朔旦冬至凡二十推三百
八十年黃帝僊登于天卿因所忠欲奏之
所忠視其書不經疑其妄書謝曰寶鼎事
已決矣尚何以爲卿因嬖人奏之上大說
召問卿對曰受此書申功（封禪書功字作公）申功已
死上曰申功何人也卿曰申功齊人也與
安期生通受黃帝言無書獨有此鼎書曰
漢興復當黃帝之時漢之聖者在高祖之

孫且曾孫也寶鼎出而與神通封禪封禪
七十二王唯黃帝得上泰山封申功曰漢
主亦當上封上封則能僊登天矣黃帝時
萬諸侯而神靈之封居七千應劭曰黃帝時諸侯會封禪者七千
人李奇曰說仙道得封者七千國張晏曰神靈之封謂山川之守天下名山八而
三在蠻夷五在中國中國華山首山太室
泰山東萊此五山黃帝之所常游與神會
黃帝且戰且學僊患百姓非其道乃斷斬
非鬼神者百餘歲然後得與神通黃帝郊

雍上帝宿三月鬼臾區號大鴻死葬雍故鴻冢是也蘇林曰今雍有鴻冢其後黃帝接萬靈明廷明廷者甘泉也所謂寒徐廣曰一作塞門者谷口也漢書音義曰黃帝仙於塞門也黃帝采首山銅鑄鼎於荊山下晉灼曰地理志首山屬河東蒲阪荊山在馮翊懷德縣鼎既成有龍垂胡䫇下迎黃帝黃帝上騎羣臣後宮從上龍七十餘人龍乃上去餘小臣不得上乃悉持龍䫇龍䫇拔墮黃帝之弓百姓仰望黃帝既上天乃抱其弓與龍胡䫇號故後

世因名其處曰鼎湖其弓曰烏號於是天子曰嗟乎吾誠得如黃帝吾視去妻子如脫躧耳乃拜卿爲郎東使候神於太室上遂郊雍至隴西西登空桐幸甘泉令祠官寬舒等具泰一祠壇壇放薄忌泰一壇壇三垓（徐廣曰垓次也駰案李奇曰垓重也三重壇也）五帝壇環居其下各如其方黃帝西南除八通鬼道（服虔曰坤位在未黃帝從土位）泰一所用如雍一時物而加醴棗脯之屬殺一犛牛以爲俎豆牢具而五帝獨有

俎豆韋昭曰無犛牛醴之屬醴進其下四方地爲餟食

羣神從者及北斗云已祠胙餘皆燎之其

牛色白鹿居其中彘在鹿中水而洎之徐廣曰洎音居器反肉汁也駰案晉灼曰此說合牲物燎之也祭日以牛祭月以羊彘

特泰一祝宰則衣紫及繡五帝各如其色

日赤月白十一月辛巳朔旦冬至昧爽天

子始郊拜泰一朝朝日夕夕月應劭曰天子春朝日秋夕月拜日東門之外朝日以朝夕月以夕瓚曰漢儀郊泰時皇帝平旦出竹宮東向揖日其夕西向揖月便用郊日不用春秋也則揖而見泰一如雍禮其贊饗曰天

始以寶鼎神筴授皇帝朔而又朔終而復
始皇帝敬拜見焉而衣上黃其祠列火滿
壇壇旁亨炊具有司云祠上有光焉公卿
言皇帝始郊見泰一雲陽有司奉瑄玉（孟康曰璧大六寸謂之瑄）嘉牲薦饗是夜有美光及晝黃氣
上屬天太史公祠官寬舒等曰神靈之休
祐福兆祥宜因此地光域（徐廣曰地一作夜）立泰時壇
以明應令太祝領祀及臘閒祠三歲天子
一郊見其秋爲伐南越告禱泰一以牡（徐廣曰一

作牡荆畫幡如淳曰荆之無子者皆以潔齋之道也晉灼曰牡荆節間不相當者韋昭曰以牡荆爲柄者也日月北斗登龍以象天一三星爲泰一鋒徐廣曰天官書曰天極星明者泰一常居也斗口三星曰天一駰案晉灼曰畫一星在後三星在前爲太一鋒也名曰靈旗爲兵禱則太史奉以指所伐國而五利將軍使不敢入海之泰山祠上使人微隨驗實無所見五利妄言見其師其方盡多不讎上乃誅五利其冬公孫卿候神河南見僊人跡緱氏城上有物若雉往來城上天子親幸緱氏城視跡問卿

得毋效文成五利乎卿曰僊者非有求人
主人主求之其道非少寛假神不來言神
事事如迂誕積以歲乃可致於是郡國各
除道繕治宮觀名山神祠所以望幸矣其
年既滅南越上有嬖臣李延年以好音見
上善之下公卿議曰民閒祠尚有鼓舞之
樂今郊祠而無樂豈稱乎公卿曰古者祀
天地皆有樂而神祇可得而禮或曰泰帝
使素女鼓五十弦瑟悲帝禁不止故破其

瑟爲二十五弦於是塞南越禱祠泰一后土始用樂舞益召歌兒作二十五弦(徐廣曰瑟也)及箜篌瑟自此起(徐廣曰應劭云武帝令樂人侯調始造箜篌)其來年冬上議曰古者先振兵澤旅(徐廣曰古釋字作澤)然後封禪乃遂北巡朔方勒兵十餘萬還祭黃帝冢橋山澤兵須如(李奇曰地名也)上曰吾聞黃帝不死今有冢何也或對曰黃帝已僊上天羣臣葬其衣冠既至甘泉爲且用事泰山先類祠泰一自得寶鼎上與公卿諸生

議封禪封禪用希曠絕莫知其儀禮而羣
儒采封禪尚書周官王制之望祀射牛事
蘇林曰當祭廟射其牲以除不祥瓚曰射牛示親殺也齊人丁公年九十
餘曰封者合不死之名也秦皇帝不得上
封陛下必欲上稍上即無風雨遂上封矣
上於是乃令諸儒習射牛草封禪儀數年
至且行天子既聞公孫卿及方士之言黃
帝以上封禪皆致怪物與神通欲放黃帝
以嘗接神僊人蓬萊士高世比德於九皇

張晏曰三皇之前有人皇九首韋昭曰上古人皇者九人也而頗采儒術以文之羣儒既以不能辯明封禪事又牽拘於詩書古文而不敢騁上爲封祠器示羣儒羣儒或曰不與古同徐偃又曰太常諸生行禮不如魯善周霸屬圖封事服虔曰屬會也會諸儒圖封事於是上絀偃霸盡罷諸儒弗用三月遂東幸緱氏禮登中嶽文穎曰嵩高山也在潁川陽城縣太室韋昭曰嵩高山有太室少室之山山有石室故以名之從官在山下聞若有言萬歲云問上上不言問下下不言於是以三百

戸封太室奉祠命曰崇高邑東上泰山山之草木葉未生乃令人上石立之泰山顛上遂東巡海上行禮祠八神

文穎曰武帝登泰山祭太一并祭名山於泰壇西南開除八通鬼道故言八神也一曰八方之神

齊人之上疏言神怪奇方者以萬數然無驗者乃益發船令言海中神山者數千人求蓬萊神人公孫卿持節常先行候名山至東萊言夜見一人長數丈就之則不見見其跡甚大類禽獸云羣臣有言見一老父牽狗言吾欲見巨

公（漢書音義曰巨公謂武帝）已忽不見上既見大跡未信及羣臣有言老父則大以爲僊人也宿留海上與方士傳車及閒使求仙人以千數四月還至奉高上念諸儒及方士言封禪人人殊不經難施行天子至梁父禮祠地主乙卯令侍中儒者皮弁薦紳射牛行事封泰山下東方如郊祠泰一之禮封廣丈二尺高九尺其下則有玉牒書書祕禮畢天子獨與侍中奉車子侯（漢書百官表曰奉車都尉掌乘輿車武帝

初置壽聄曰子度霍去病之子也上泰山亦有封其事皆禁明日下陰道丙辰禪泰山下阯東北肅然山如祭后土禮天子皆親拜見衣上黃而盡用樂焉江淮間一茅三脊孟康曰所謂靈茅也爲神藉五色土益雜封縱遠方奇獸蜚禽及白雉諸物頗以加祠兕旄牛犀象之屬弗用皆至泰山然后去封禪祠其夜若有光晝有白雲起封中天子從封禪還坐明堂漢書音義曰天子初封泰山山東北阯古時有明堂處則此所坐者明年秋乃作明堂羣臣更上壽

於是制詔御史朕以眇眇之身承至尊兢兢焉懼弗任維德菲薄不明于禮樂脩祀泰一若有象景光屑如有望瓚曰聞呼萬歲者三依依震於怪物欲止不敢遂登封泰山至於梁父而后禪肅然服虔曰肅然山名在梁父自新嘉與士大夫更始賜民百戶牛一酒十石加年八十孤寡布帛二匹復博奉高蛇丘鄭玄曰蛇音移歷城毋出今年租稅其赦天下如乙卯赦令行所過毋有復作事在二年前皆勿聽治又

下詔曰古者天子五載一巡狩用事泰山諸侯有朝宿地其令諸侯各治邸泰山下天子既巳封禪泰山無風雨菑而方士更言蓬萊諸神山若將可得於是上欣然庶幾遇之乃復東至海上望冀遇蓬萊焉奉車子侯暴病一日死上乃遂去並海上北至碣石巡自遼西歷北邊至九原五月返至甘泉（漢書曰周萬八千里也）有司言寶鼎出爲元鼎以今年爲元封元年其秋有星茀于東井

韋昭曰秦分野也後衞太子兵亂後十餘日有星孛于三能韋昭曰三能三公後連坐誅之望氣王朔言候獨見其星出如瓠食頃復入焉有司言曰陛下建漢家封禪天其報德星云其來年冬郊雍五帝還拜祝祀泰一賛饗曰德星昭衍厥維休祥壽星仍出淵耀光明信星昭見皇帝敬拜泰徐廣曰一無此字況之饗其春公孫卿言見神人東萊山若云見天子天子於是幸緱氏城拜卿爲中大夫遂至東萊宿留之數日毋

所見見大人跡復遣方士求神怪采芝藥以千數是歲旱於是天子既出毋名乃禱萬里沙應劭曰萬里沙神祠也在東萊曲城孟康曰沙徑三百餘里過祠泰山鄧展曰泰山東自復有小泰山瓚曰即今之泰山還至瓠子服虔曰瓠子隄名蘇林曰在甄城以南濮陽以北廣百步深五丈所瓚曰所決河名自臨塞決河留二日沈祠而去使二卿將卒塞決河河徙二渠復禹之故跡焉是時既滅南越越人勇之韋昭曰越地人名也乃言越人俗信鬼而其祠皆見鬼數有效昔東甌王敬鬼壽至百六十歲後世

謾怠故衰耗乃令越巫立越祝祠安臺無壇亦祠天神上帝百鬼而以雞卜（漢書音義曰持雞骨卜如鼠卜）上信之越祠雞卜始用焉公孫卿曰僊人可見而上往常遽以故不見今陛下可爲觀如緱氏城（韋昭曰如猶比也）置脯棗神人宜可致且僊人好樓居於是上令長安則作蜚廉桂觀（應劭曰飛廉神禽能致風氣晉灼曰身如鹿頭如雀有角而蛇尾文如豹文也）甘泉則作益延壽觀使卿持節設具而候神人乃作通天臺（徐廣曰在甘泉）置祠具其下將招

來神僊之屬於是甘泉更置前殿始廣諸宮室夏有芝生殿防內中（徐廣曰元封二年也）天子爲塞河興通天臺若有光云（李奇曰爲此作事而有光應瓚曰作通天臺也）乃下詔曰甘泉防生芝九莖（應劭曰芝芝草也其葉相連如淳曰瑞應圖云王者敬事耆老不失舊故則芝草生）赦天下毋有復作其明年伐朝鮮夏旱公孫卿曰黃帝時封則天旱乾封三年上乃下詔曰天旱意乾封乎（蘇林曰天旱欲使封土乾燥如淳曰但祭不立尸爲乾封）其令天下尊祠靈星焉其明年上郊雍通回中道巡之（徐廣

曰在扶風汧縣春至鳴澤服虔曰鳴澤澤名也在涿郡遒縣北界從西河歸

其明年冬上巡南郡徐廣曰元封五年至江陵而東

登禮潛之天柱山號曰南嶽應劭曰潛縣屬廬江南嶽霍山也文

穎曰天柱山在潛縣南有祠浮江自尋陽出樅陽地理志廬江有樅陽縣

過彭蠡禮其名山川北至琅邪並海上四

月中至奉高脩封焉初天子封泰山泰山

東北阯古時有明堂處處險不敞上欲治

明堂奉高旁未曉其制度濟南人公玉帶

上黃帝時明堂圖明堂圖中有一殿四面

無壁以茅蓋通水圜宮垣為複道上有樓從西南入命曰昆侖天子從之入以拜祠上帝焉於是上令奉高作明堂汶上（徐廣曰在元封二年秋）如帶圖及五年脩封則祠泰一五帝於明堂上坐令高皇帝祠坐對之祠后土於下房以二十太牢天子從昆侖道入始拜明堂如郊禮禮畢燎堂下而上又上泰山有祕祠其顛而泰山下祠五帝各如其方黃帝并赤帝而有司侍祠焉泰山上舉火

下悉應之其後二歲十一月甲子朔旦冬至推歷者以本統天子親至泰山以十一月甲子朔旦冬至日祠上帝明堂（徐廣曰常五年一脩耳今適二年故但祀明堂）毋脩封禪其贊饗曰天增授皇帝泰元神筴周而復始皇帝敬拜泰一東至海上考入海及方士求神者莫驗然益遣冀遇之十一月乙酉（徐廣曰二十二日也）柏梁烖十二月甲午朔上親禪高里（伏儼曰山名在泰山下）祠后土臨渤海將以望祠蓬萊之屬冀至殊庭

焉漢書音義曰蓬萊庭上還以栢梁裁故朝受計甘泉
公孫卿曰黃帝就青靈臺十二日燒徐廣曰日
一作月黃帝乃治明庭明庭甘泉也方士多言
古帝王有都甘泉者其後天子又朝諸侯
甘泉甘泉作諸侯邸勇之乃曰越俗有火
裁復起屋必以大用勝服之於是作建章
宮度爲千門萬戶前殿度高未央其東則
鳳闕高二十餘丈其西則唐中數十里虎
圈其北治大池漸臺高二十餘丈名曰泰

液池中有蓬萊方丈瀛洲壷梁象海中神山龜魚之屬其南有玉堂壁門大鳥之屬乃立神明臺井幹樓度五十餘丈輦道相屬焉夏漢改曆以正月爲歲首而色上黃官名徐廣曰一無名字更印章以五字張晏曰漢據土德土數五故用五爲印文也若丞相曰丞相之印章諸卿及守相印文不足五字者以之足也因爲太初元年是歲西伐大宛蝗大起丁夫人韋昭曰丁姓夫人名也雒陽虞初等以方祠詛匈奴大宛焉其明年有司言雍五時無牢熟具芬芳不備乃

命祠官進畤犢牢具五色食所勝（孟康曰若火勝金則祠赤帝以白牲）而以木耦馬代駒焉獨五帝用駒行親郊用駒及諸名山川用駒者悉以木耦馬代行過乃用駒他禮如故其明年東巡海上考神僊之屬未有驗者方士有言黃帝時爲五城十二樓（應劭曰崑崙縣圃五城十二樓仙人之所常居也）以候神人於執期（漢書音義曰執期地名也）命曰迎年上許作之如方明年上親禮祠上帝衣上黃焉公玉帶曰黃帝時雖封泰山然風后封

鉅應劭曰封鉅黃帝師岐伯令黃帝封東泰山禪凡山合符然後不死焉徐廣曰在琅邪朱虛縣汶水所出凡山亦在朱虛天子既令設祠具至東泰山東泰山卑小不稱其聲乃令祠官禮之而不封禪焉其後令帶奉祠候神物夏遂還泰山脩五年之禮如前而加禪祠石閭石閭者在泰山下阯南方方士多言此僊人之閭也故上親禪焉其後五年復至泰山脩封徐廣曰天漢三年李陵以天漢二年敗也還過祭常山今天子所興祠泰一后

十三年新刻福建漢家封禪五年一脩封
薄忌泰一及三一冥羊馬行赤星五寬舒
之祠官李奇曰祀名也以歲時致禮凡六祠皆太祝
領之至如八神諸神明年凡山他名祠行
過則祀去則已方士所興祠各自主其人
終則已祠官弗主他祠皆如其故今上封
禪其後十二歲而還徧於五嶽四瀆矣而
方士之候祠神人入海求蓬萊終無有驗
而公孫卿之候神者猶以大人跡爲解無

其效天子益怠厭方士之怪迂語矣然終羈縻弗絕冀遇其眞自此之後方士言祠神者彌衆然其效可睹矣徐廣曰猶今人云其事已可知矣皆不信之耳又數本皆無可字

太史公曰余從巡祭天地諸神名山川而封禪焉入壽宮侍祠神語究觀方士祠官之言於是退而論次自古以來用事於鬼神者具見其表裏後有君子得以覽焉至若俎豆珪幣之詳獻酬之禮則有司存焉

史記卷第十二

同治乙丑五月獨山莫友芝子偲借讀過